KB105304

A Christmas Carol

# 크리스마스 캐럴

# 크리스마스 캐럴

First edition : January 2011

TEL (02)2000-0550 | FAX (02)2285-1523
ISBN 978-89-17-23779-5

# YBM Reading Library 는 ...

쉬운 영어로 문학 작품을 즐기면서 영어 실력을 크게 향상시킬 수 있도록 개발된 독해력 완성 프로젝트입니다. 전 세계 어린이와 청소년들에게 재미와 감동을 주는 세계의 명작을 이제 영어로 읽으세요. 원작에 보다 가까이 다가가는 재미와 명작의 깊이를 느낄 수 있을 거예요.

350 단어에서 1800 단어까지 6단계로 나누어져 있어 초·중·고 어느 수준에서나 자신이 좋아하는 스토리를 골라 읽을 수 있고, 눈에 쉽게 들어오는 기본 문장을 바탕으로 활용도가 높고 세련된 영어 표현을 구사하기 때문에 쉽게 읽으면서 영어의 맛을 느낄 수 있습니다. 상세한 해설과 흥미로운 학습 정보, 퀴즈 등이 곳곳에 숨어 있어 학습 효과를 더욱 높일 수 있습니다.

이야기의 분위기를 멋지게 재현해 주는 삽화를 보면서 재미있는 이야기를 읽고, 전문 성우들의 박진감 있는 연기로 스토리를 반복해서 듣다 보면 리스닝 실력까지 크게 향상됩니다.

세계의 명작을 읽는 재미와 영어 실력 완성의 기쁨을 마음껏 맛보고 싶다면, YBM Reading Library와 함께 지금 출발하세요!

# YBM Reading Library

책을 읽기 전에 가볍게 워밍업을 한 다음, 재미있게 스토리를 읽고, 다 읽고 난 후 주요 구문과 리스닝까지 꼭꼭 다지는 3단계 리딩 전략! YBM Reading Library, 이렇게 활용하세요.

## Before the Story

### People in the Story
스토리에 들어가기 전,
등장인물과 만나며 이야기의
분위기를 느껴 보세요~

## In the Story

★ **스토리**
재미있는 스토리를 읽어요. 잘 모른다고
멈추지 마세요. 한 페이지, 또는 한 chapter를
끝까지 읽으면서 흐름을 파악하세요.

★★ **단어 및 구문 설명**
어려운 단어나 문장을 마주쳤을 때,
그 뜻이 알고 싶다면 여기를 보세요.
나중에 꼭 외우는 것은 기본이죠.

★ The Spirit and Scrooge flew through the window and over the dark and foggy city of London. Soon the sun rose and Scrooge could see the snow-covered countryside.

"Good Heavens!" he cried. "This is where I was born. I lived here when I was a young boy!"

A thousand familiar smells floated in the air. Tears came to his eyes as he remembered long forgotten thoughts, hopes, and joys.

They walked along the road. Scrooge recognized every gate, post, and tree, and everyone he saw along the way. All the boys were laughing and shouting to each other and music and singing filled the air.

"They can't see us," said the Spirit. "This is how life used to be around here."

Scrooge knew the name of each of the boys. But why did he feel so happy when he saw them? And why did he cry when he heard them call "Merry Christmas" to each other? What good had Christmas ever done him?

★★★ ❓ Scrooge arrived at his hometown in the ____.
　 a. morning　 b. evening

36 · A Christmas Carol

★★★ **돌발 퀴즈**
스토리를 잘 파악하고
있는지 궁금하면 돌발 퀴즈로
잠깐 확인해 보세요.

**Mini-Lesson**
너무나 중요해서 그냥 지나칠 수 없는
알짜 구문은 별도로 깊이 있게 배워요.

They were moaning and crying in an agon
Scrooge was surprised when he recognized
them. Slowly they all faded away into the
Scrooge went over and examined his door
still double-locked. He tried to say, "Humb
he could not. Suddenly, he felt very tired.
went to bed, and immediately fell asleep.

Mini-Less ★ ■

도치: 장소를 나타내는 부사구 + 동사 + 주어
From outside came the sound of wailing.  바깥에서 시끄럽게 울
소리가 들려왔다 는 주어(the sound of wailing )와 동사(came)의 위
지는 장소를 나타내는 부사구(from outside)를 강조하기 위해 문장 맨 앞
■ Beside him walked a tall man.  그 옆에는 한 키 큰 사내가 걷고 있었다

**✪ Check-up Time!**

◆ WORDS

빈칸에 알맞은 단어를 보기에서 골라 써넣으세요

| gossiped | roasted | radiated | obeyed |

1  The light _____ from the door
2  They _____ chestnuts and drank warm wine.
3  He jumped with fright, but _____ the command
4  Women _____ as they waited patiently to buy their

◆ STRUCTURE

말호 안의 두 단어 중 알맞은 단어를 골라 문장을 완성하세요

1  He couldn't take his eyes ( of / off ) them.
2  I declare it's Mrs. Cratchit's best ( over / before )!
3  The men were busy ( cleaning / to clear ) snow from the
4  Scrooge pulled back the curtains and saw ( by / into ) ev
    of the room.

**Check-up Time!**
한 chapter를 다 읽은 후 어휘, 구문,
summary까지 확실하게 다져요.

**Focus on Background**
작품 뒤에 숨겨져 있는 흥미로운 이야기를
읽으세요. 상식까지 풍부해집니다.

**After the Story**

**Reading X-File** 이야기 속에 등장했던
주요 구문을 재미있는 설명과 함께 다시 한번~

**Listening X-File** 영어 발음과 리스닝 실력을 함께
다져 주는 중요한 발음법칙을 살펴봐요.

□ countryside 시골
□ Good heavens! 맙소사!, 세상에!
□ long forgotten 오랫동안 잊혀졌던

□ along the way 가는 길 내내
□ used to + 동사원형  과거에는 …이였다
□ do ... good  …에게 이이이 되다

Chapter 2 ∙ 37

**MP3 Files**
www.ybmbooksam.com에서 다운로드 하세요!

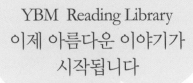

YBM Reading Library

이제 아름다운 이야기가
시작됩니다

# A Christmas Carol

_ Before the Story

About Charles John Huffam Dickens &
A Christmas Carol ....................... 8
People in the Story ..................... 10


_ In the Story

**Chapter 1**
Marley's Ghost .......................... 14
Check-up Time ........................... 30


**Chapter 2**
The First of the Spirits ................. 32
Check-up Time ........................... 50

**Chapter 3**

The Second of the Three Spirits ...... 52

Check-up Time ........................... 70

Focus on Background ................... 72

**Chapter 4**

The Last of the Spirits ................. 74

Check-up Time ........................... 92

**Chapter 5**

The End of It ........................... 94

Check-up Time ........................... 112

_ **After the Story**

Reading X-File 이야기가 있는 구문 독해 ......... 116

Listening X-File 공개 리스닝 비밀 파일 .......... 120

Story in Korean 우리 글로 다시 읽기 ............ 124

# Charles John Huffam Dickens (1812 ~ 1870)

찰스 존 허펌 디킨스는 …

영국 해군성 경리국 관리의 아들로 태어났으나, 아버지가 채무 관계로 수감되는 바람에 학교도 거의 다니지 못하고 12세 때부터 구두약 공장의 직공으로 일하는 등 가난의 고통을 몸소 체험하였다.

15세부터 법률 사무소에서 일하며 문학 작품들을 탐독하기 시작한 디킨스는 이후 여러 신문사의 기자로 활동하며 축적한 경험을 바탕으로 1836년 처녀작 「보즈의 스케치(Sketches by Boz)」를 출간하였고, 1839년에는 「올리버 트위스트(Oliver Twist)」를 발표함으로써 작가로서의 입지를 확고히 하였다. 이후 그는 「크리스마스 캐럴(A Christmas Carol, 1843)」과 자전적 소설 「데이비드 카퍼필드(David Copperfield, 1850)」, 프랑스 혁명을 배경으로 한 역사 소설 「두 도시 이야기(A Tale of Two Cities, 1859)」, 인간의 진정한 가치를 다룬 「위대한 유산(Great Expectations, 1861)」 등의 걸작을 차례로 발표하여 작가로서의 명성을 떨쳤다.

어린 시절 자신이 경험했던 밑바닥 계층의 모습을 유머와 재치 넘치는 필치로 그린 디킨스는 19세기 영국의 사회악과 부정, 위선 등을 고발한 빅토리아 시대 최고의 작가로 평가 받고 있다.

# A Christmas Carol

크리스마스 캐럴은 …

디킨스의 소설 중 가장 많은 사랑을 받고 있는 작품으로 1843년부터 작가가 해마다 발표했던 5편의 「크리스마스 이야기」 시리즈 중 첫 번째 작품이다. 당시 이 작품은 출간되자마자 매진될 정도로 큰 인기를 누렸다.

수전노인 스크루지는 크리스마스 이브에 자신을 파티에 초대하기 위해 찾아온 조카를 돌려보내고, 구호금 모금원들도 냉대하며 쫓아낸다. 퇴근하고 돌아온 자신의 집에서 7년 전 죽은 옛 동업자인 말리의 유령을 만나 그로부터 유령 셋이 방문할 것이라는 예언을 듣는다. 이후 스크루지는 과거, 현재, 미래의 크리스마스 유령을 차례대로 만나 동정심 많았던 자신이 탐욕스러운 사람으로 변해가는 과정과, 조카와 서기 가족의 행복한 크리스마스 파티 장면, 아무도 동정하지 않는 자신의 죽음 등을 목격한 후 선량하고 자비로운 사람으로 다시 태어난다.

디킨스는 이 작품에서 사회 불평등과 빈곤을 배경으로 악의 표상인 스크루지를 나눔의 정신을 실천하는 주인공으로 변화시킴으로써 크리스마스 정신을 구현하고자 하였다. 오늘날에도 스크루지는 구두쇠의 전형으로 인식되고 있으며, 더불어 크리스마스 시즌이 되면 이 작품은 연극, 영화, 뮤지컬 등으로 각색되어 변함없는 인기를 누리고 있다.

# People in the Story

크리스마스 캐럴에 등장하는 인물들을 살펴볼까요?

**Fred**

스크루지의 조카. 크리스마스 이브에 스크루지의 사무실을 방문해 외삼촌을 크리스마스 파티에 초대하지만 퇴짜를 맞는다.

**Scrooge**

악덕 상인. 비열하고 심술궂은 수전노. 크리스마스 이브에 유령들과 함께 자신의 삶을 되돌아보고 미래의 죽음을 목격한 후 자선을 베푸는 선량한 인간으로 거듭난다.

**Bob Cratchit**

스크루지가 일하는 상회의 서기. 박봉으로 발을 저는 아들 Tim을 포함한 많은 식구를 부양하며 힘들게 살아간다.

## Three Spirits
과거, 현재, 미래의 크리스마스 유령.
스크루지를 차례대로 방문하여 그의
과거, 현재, 미래의 모습을 보여준 후
그가 개과천선할 수 있게 한다.

## Marley
7년 전 죽은 스크루지의
동업자. 유령의 모습으로
스크루지를 찾아와 세
유령이 방문할 것이라는
예언을 하고 사라진다.

## Belle
스크루지의 옛 약혼녀. 동정심
많았던 스크루지가
탐욕스러운 인간으로
변해가는 모습에 실망하여
그를 떠나보낸다.

*a Beautiful Invitation*
– YBM Reading Library

# A Christmas Carol

Charles John Huffam Dickens

# Marley's Ghost

말리의 유령

Marley and Scrooge had been business partners for many years. Now Jacob Marley was dead and there was no doubt about it! Scrooge was the only friend at his funeral but he wasn't sad about Marley's death. He had inherited Marley's apartment and most of his money. And when the funeral was over, Scrooge returned to his work.

Ebenezer Scrooge was mean and cold-hearted. He had a pointed nose, red-rimmed eyes, and thin blue lips. His voice was harsh and grating. Nothing could warm his cold heart and no one ever asked him for help. Scrooge didn't care! It gave him more time for making money. But he never spent any of it!

---

1 **shiver with cold** 추위로 몸을 떨다
But poor Bob continued to shiver with cold.
하지만 불쌍한 밥은 계속 추위로 몸을 떨었다.

Seven years later on Christmas Eve, Scrooge was busy in his office. It was freezing cold, and at three o'clock it was already dark and foggy outside. His clerk worked in a small cold room next to Scrooge's office. Bob Cratchit was only allowed to keep a small fire. So, to keep warm, he was wearing all the clothes that he owned. From time to time, he held his fingers over his candle to defrost them. But poor Bob continued to shiver [1] with cold.

- business partner 동업자
- funeral 장례식
- inherit 상속하다, 물려받다
- mean 심술궂은, 인색한
- cold-hearted 무정한, 냉담한
- pointed (끝이) 뾰족한
- red-rimmed 빨간 테두리의
- harsh 거친, 불쾌한
- grating 귀에 거슬리는
- freezing cold 얼어붙을 듯이 추운
- foggy 안개가 낀
- keep a fire 불을 피워 두다
- from time to time 때때로
- defrost 녹이다
- continue to+동사원형 계속 …하다

Suddenly Scrooge's nephew, Fred, rushed into the office. His face was bright red, and his eyes sparkled with excitement.

"Merry Christmas to you, Uncle!" he shouted.

"Bah, humbug to Christmas!" said Scrooge.

"Surely you don't mean that, Uncle."

"I do," said Scrooge. "Merry Christmas, indeed! You're too poor to be merry! You think Christmas is a time for spending too much money on things you [1] don't need!"

"For me, Christmas is a time for kindness and charity," said Fred. "I don't have much money. But it makes me happy to share the little I have with those who have even less. Come and share our [2] Christmas dinner tomorrow, Uncle."

"No! Celebrate Christmas if you must, but leave me alone!"

"A Merry Christmas to you Uncle!" shouted Fred. "And to you Bob Cratchit!"

Then he left the office to hurry home.

? Fred is Scrooge's

L ——.

**1 spend A on B** B에 A를 쓰다〔소비하다〕

You think Christmas is a time for spending too much money on
things you don't need! 너는 크리스마스가 필요하지도 않은 것에 돈을 흥청망청
쓰는 때라고 생각하는구나!

**2 those who〔that〕절** …하는 사람들

But it makes me happy to share the little I have with those who
have even less.
하지만 저는 적으나마 제가 가진 것을 저보다 어려운 사람들과 나누면 행복해지거든요.

□ **nephew** 조카
□ **rush into** …로 급히 들어가다
□ **sparkle** 반짝이다

□ **humbug** 엉터리, 사기, 가짜
□ **charity** 자비, 자선
□ **celebrate** 기념하다, 축하하다

Just then, two gentlemen arrived to see Scrooge. They took off their hats and bowed to him.

"Scrooge and Marley's, I believe," said one gentleman.

Scrooge nodded.

"Are you Mr. Scrooge or Mr. Marley?"

"Marley died seven years ago, to the day," growled Scrooge.

"Oh, I'm sorry to hear that, Mr. Scrooge," continued the gentleman. "We are collecting money to provide the poor with extra food and fuel. It's [1] Christmas, and they suffer greatly at this time."

Scrooge frowned, and shook his head.

"Are there no prisons or workhouses for them?"

"They don't provide enough for anyone to survive. So Mr. Scrooge, how much can you give?"

"Nothing!" said Scrooge. "I don't celebrate Christmas! The poor must go to the workhouses!"

"Many would rather die than go there," said the ² gentleman.

"Well, let them die!" said Scrooge. "Then there will be more for those who are left! Good afternoon, gentlemen!"

The two gentlemen shook their heads and left. They knew they would get no money from Scrooge.

---

1 **provide A with B**  A에게 B를 제공하다 (= provide B for A)
We are collecting money to provide the poor with extra food and fuel.  저희는 가난한 이들에게 여분의 식량과 연료를 마련해 주려고 성금을 모으고 있습니다.

2 **would rather A than B**  B하느니 차라리 A하다
Many would rather die than go there.
많은 사람들이 거기 가느니 차라리 죽겠다고 합니다.

---

☐ take off  벗다
☐ bow to  …에게 인사하다
☐ nod  고개를 끄덕이다
☐ to the day  정확히
☐ growl  으르렁거리다, 화난 목소리로 말하다

☐ collect  모으다, 수금하다
☐ fuel  연료
☐ suffer  고통 받다
☐ frown  얼굴[눈살]을 찌푸리다
☐ workhouse  (17~19세기 영국의) 구빈원

Meanwhile the night became darker, foggier and ☀
colder. But the shop windows were brightly lit, and
decorated with holly and berries. In the street, some
men and boys were warming their hands around a
charcoal burner. One young boy began to sing
Christmas carols outside Scrooge's door. But Scrooge
chased him away.

Closing time arrived. Scrooge called to Bob Cratchit,
"I suppose you'll want tomorrow off work?"

"Yes please, sir," said Bob quietly. "Christmas is
only once a year."

"Alright," said Scrooge. "But be here early the next
morning."

After Bob left, Scrooge locked his office and hurried
home to work on his ledgers.

A large brass knocker hung on the front door of his
gloomy apartment. As Scrooge put his key in the
lock, he jumped with fright.

---

□ brightly lit 환하게 불이 켜진
□ holly 호랑가시나무의 가지
□ charcoal burner 숯 화덕
□ chase ... away …을 쫓아내다
□ suppose 짐작하다
□ off work 일을 쉬는

□ ledger (거래내역을 적은) 원장
□ brass 놋쇠(의)
□ knocker 문고리
□ gloomy 우울한
□ with fright 놀라서

## Mini-Lesson

**become〔get〕+ 형용사의 비교급: 점점 더 …해지다**

- The night became darker and foggier.  밤은 점점 더 어두워졌고 안개는 점점 더 짙어졌다.
- Gradually the ringing got louder and louder.  차츰 종 소리는 점점 더 커졌다.

Scrooge saw Marley's face in the knocker. Its ghostly spectacles were pushed up onto its forehead. The eyes were wide open and motionless, and its hair stood on end. Scrooge rushed inside. He lit his candle and looked back at the knocker. But Marley's face had disappeared. He closed the door with a bang.

But Ebenezer Scrooge wasn't easily frightened. He locked the door and went upstairs. After he made sure he was alone, he double-locked his bedroom door. He put on his dressing gown, slippers and nightcap. He heated his soup on the stove, and sat down by the fire to eat it.

When Scrooge had finished his soup, he sat back in his chair. It was then that he saw an old servants' [1] bell begin to swing. Gradually the ringing got louder and louder until it deafened him. Scrooge was filled with fear and dread. Suddenly, the bell stopped.

From below he could hear a heavy chain being dragged across the cellar floor, and up the stairs. It was heading straight for his door.

"It's all humbug!" cried Scrooge.

- ☐ ghostly 유령의, 유령 같은
- ☐ spectacles 안경
- ☐ be pushed up onto …위로 치켜 올려지다
- ☐ stand on end (머리카락이) 쭈뼛하다
- ☐ with a bang 쾅하고
- ☐ make sure 확인하다
- ☐ double-lock 이중으로 자물쇠를 채우다

- ☐ dressing gown (잠옷 위에 입는) 가운
- ☐ nightcap 취침용 모자
- ☐ sit back in one's chair 의자에 깊숙이 (파묻혀) 앉다
- ☐ deafen …의 귀를 먹먹하게 하다
- ☐ dread 두려움
- ☐ cellar 지하 저장고

1 **It was then that**절 바로 그때 …했다

It was then that he saw an old servants' bell begin to swing.
바로 그때 하인들을 부를 때 쓰는 오래된 종이 흔들리기 시작하는 것이 보였다.

All of a sudden, something flew through the closed door. Scrooge turned pale and almost collapsed with fright.

He couldn't believe his eyes. It was Old Marley! Cashboxes, padlocks and heavy metal purses hung from the heavy chain that wrapped around him. [1] Scrooge was terrified.

"Who are you and what do you want?" cried Scrooge.

"I was your partner, Jacob Marley," said the Ghost.

"I don't believe you!" shouted Scrooge. "You don't frighten me!"

"How can I prove that I'm telling the truth?"

Scrooge stared at the Ghost, and began to laugh nervously. The Ghost's eyes stared back at him but they did not move, and he sat perfectly still. But his hair and clothes moved like steam from a hot kettle.

"It's all Humbug, I tell you! Humbug!" said Scrooge.

---

1 **wrap around** ⋯을 휘감다, ⋯에 휘감겨 있다
Cashboxes, padlocks and heavy metal purses hung from the heavy chain that wrapped around him. 돈궤, 맹꽁이 자물쇠, 무거운 강철 지갑 등이 그의 몸을 휘감고 있는 쇠사슬에 매달려 있었다.

☐ all of a sudden 갑자기
☐ collapse 주저앉다
☐ cashbox 돈궤, 금고
☐ padlock 맹꽁이 자물쇠
☐ purse 지갑

☐ hang from ⋯에 매달리다
☐ nervously 불안한 듯이, 신경질적으로
☐ still 꼼짝 않고, 가만히
☐ kettle 주전자
☐ I tell you! 분명히 말하는데!, 정말이야!

Marley's Ghost cried out and shook his chain. He took the bandage from around his head, and his lower jaw dropped down onto his chest! Scrooge screamed in terror.

He fell to his knees and cried, "Have mercy, [1] Marley!"

"Now, Scrooge, do you believe me?" cried the Ghost.

"I do, I do!" said Scrooge. "But why are you visiting me? And why are you chained?"

"In life I was selfish," said the Ghost. "I wrapped myself in an invisible chain to shut out the world. And you have wrapped yourself in a chain too."

Scrooge looked around, but the only chain he could see was Marley's.

"Marley, my old friend, tell me what to do!" he said.

"I cannot. You must want to change for the better." [2]

Then the Ghost cried out and loudly rattled his chain again.

"I cannot change the chances I once had to be a better man! I was a stupid, selfish fool!"

"But you were always a good businessman, Jacob," said Scrooge.

"Business!" cried the Ghost. "In life I didn't do enough to help the poor. Now it's too late!"

He threw his chain on the ground.

"I suffer most at this time of year. I see the beggars and the starving children, and I can do nothing!"

Scrooge began to tremble more and more.

"Don't be hard on me, Jacob!" cried Scrooge.

"I'm here to warn you that you can escape my fate," said the Ghost.

"You were always a good friend to me," said Scrooge. "Thank you!"

---

- bandage 붕대
- lower jaw 아래턱
- chest 가슴
- have mercy 자비를 베풀다
- wrap oneself in …을 몸에 두르다
- invisible 눈에 보이지 않는
- shut out 차단하다, 외면하다
- rattle 덜걱거리다
- starving 굶주리는
- be hard on …에게 가혹하게 굴다, …을 못살게 굴다
- fate 운명

1 **fall to one's knees** 털썩 무릎을 꿇다
He fell to his knees and cried, "Have mercy, Marley!"
그는 털썩 무릎을 꿇더니 "부디 자비를 베풀어 주게!"라고 소리쳤다.

2 **change for the better** 선량한 사람이 되다, 좋아지다
You must want to change for the better.
자네 스스로 선량한 사람이 되려는 마음을 가져야 한다네.

"Listen carefully, Ebenezer. Three Spirits will visit you. The first will come tomorrow night, when the clock strikes one."

"Couldn't they all come together, Jacob?" asked Scrooge.

"No!" said the Ghost. "Expect the second at the same time the following night. On the third night from now, the Spirit will appear at the last stroke of midnight. Remember what I said! You will not see me again!"

Then the Ghost lifted his jaw off his chest and rebound his head. He led Scrooge to the window. From outside came the sound of wailing. Marley's ☀ Ghost joined in the sad songs, and disappeared into the cold, dark night.

Scrooge looked out the window. Ghosts and Spirits wrapped in chains floated through the air.

□ spirit 유령, 귀신
□ strike 치다
□ stroke (시계, 종 등의) 치기, 치는 소리
□ rebind 다시 묶다 (rebind-rebound-rebound)
□ wail 구슬피 울다, 울부짖다
□ wrapped in (몸에) …을 감은

□ float 둥둥 떠다니다
□ moan 신음하다
□ in (an(one's)) agony 몹시 괴로워하며
□ fade away 서서히 사라지다
□ examine 살피다

They were moaning and crying in an agony.
Scrooge was surprised when he recognized many of
them. Slowly they all faded away into the night.

Scrooge went over and examined his door. It was
still double-locked. He tried to say, "Humbug!" but
he could not. Suddenly, he felt very tired. So he
went to bed, and immediately fell asleep.

Mini-Less:●:n

도치: 장소를 나타내는 부사구 + 동사 + 주어

From outside came the sound of wailing. '바깥에서 시끄럽게 울부짖는
소리가 들려왔다.' 는 주어(the sound of wailing)와 동사(came)의 위치가 바뀌었는데요,
이는 장소를 나타내는 부사구(from outside)를 강조하기 위해 문장 맨 앞에 두었기 때문이랍니다.

• Beside him walked a tall man. 그 옆에는 한 키 큰 사내가 걷고 있었다.

 # Check-up Time!

● **WORDS**

퍼즐의 빈칸에 들어갈 알맞은 철자를 써서 단어를 완성하세요.

```
            3                    4
          [  ]                 [ g ]
          [  ]                 [  ]
          [  ]                 [  ]
  1 [ i ][  ][  ][  ][  ][  ][  ]
          [  ]                 [  ]
  2 [  ][  ][  ][  ][  ]       [  ]
          [  ]                 [  ]
```

### Across

1. 상속하다
2. 으르렁거리다,
   화난 목소리로 말하다

### Down

3. 돈궤, 금고
4. 귀에 거슬리는

● **STRUCTURE**

빈칸에 알맞은 전치사를 보기에서 골라 문장을 완성하세요.

| with | of | off | to |
|------|-----|------|-----|

**1** Marley died seven years ago, _____ the day.

**2** I suppose you'll want tomorrow _____ work.

**3** All _____ a sudden, something flew through the closed door.

**4** We are collecting money to provide the poor _____ food.

ANSWERS

Structure : 1. to 2. off 3. of 4. with
Word : 1. inherit 2. growl 3. cashbox 4. grating

30 • A Christmas Carol

● COMPREHENSION

다음은 누가 한 말일까요? 기호를 써넣으세요.

a.

Scrooge

b.

Fred

c.

Jacob Marley

**1** "You must want to change for the better." _____

**2** "Are there no prisons or workhouses for them?" _____

**3** "For me, Christmas is a time for kindness and charity." _____

● SUMMARY

빈칸에 맞는 말을 골라 이야기를 완성하세요.

Scrooge was mean and cold-hearted. On Christmas Eve, his (　　) visited his office and invited him to Christmas dinner, but he refused. Soon two (　　) arrived and tried to get money for the poor from Scrooge, but they failed. In his house his old business partner Marley appeared as a (　　) and said three (　　) would visit him.

a. gentlemen　　b. nephew　　c. Spirits　　d. ghost

# The First of the Spirits

첫 번째 유령

When Scrooge woke up, it was still dark. He heard the church clock chime twelve times.

"But it was past two o'clock when I went to bed," he thought. "The clock must be wrong!"

Scrooge went across to the frost-covered window. He scraped away some ice and looked out. It was still dark and foggy, and the streets were empty.

He went back to bed and thought over and over [1] about what had happened. But he could make nothing of it. And the more he thought, the more confused he became. The appearance of Marley's Ghost bothered him greatly.

"Was it just a bad dream?" he thought.

---

□ chime (종, 시계가) 울리다:(종, 시계가 시간)을 알리다
□ frost-covered 서리로 덮인
□ scrape away 닦아내다
□ can make nothing of …을 이해할

수 없다
□ confused 혼란스러운
□ appearance 모습
□ bother 괴롭히다
□ stay awake 깨어 있다

But no matter how hard he tried [2]
to forget the Ghost, he could not.

Just then the clock chimed a
quarter to one.

"Oh, no, Marley's Ghost said to
expect the first Spirit at one
o'clock! I must stay awake!"

He couldn't go to sleep anyway!
Finally he heard the one o'clock
chime.

"One o'clock, and nothing has
happened!" said Scrooge happily.

---

1 **think over and over about** …에 대해 곰곰이 생각하다
   He went back to bed and thought over and over about what had
   happened. 그는 침대로 돌아가서 조금 전에 일어난 일에 대해 곰곰이 생각했다.

2 **no matter how hard + 주어 + 동사** 아무리 (열심히) …하려고 해도
   But no matter how hard he tried to forget the Ghost, he could
   not. 하지만 그는 아무리 유령을 머리에서 지워버리려고 해도, 그럴 수가 없었다.

Mini-Less🔆n

See p.116

**The + 비교급, the + 비교급:** …하면 할수록, 더 ~하다

• The more he thought, the more confused he became.
  생각을 하면 할수록, 그는 더 혼란스러워졌다.
• The higher you climbed, the thinner the air becomes.
  높이 올라가면 갈수록, 공기가 희박해진다.

Then, all of a sudden, a light flashed into the room. The curtains around his bed opened. When he sat up Scrooge came face to face with the first Spirit. [1] Although its long hair was white with age, its face was smooth and unwrinkled. Its arms and hands were long and muscular but its legs and feet were small and delicate. It wore a pure white dress trimmed with summer flowers. A beautiful glowing [2] belt wound around its waist. And in its hand it held a sprig of fresh green holly. But the strangest thing about it was the bright light coming from the Spirit's head.

As Scrooge stared, the ghostly creature changed color and shape.

---

□ flash into 번쩍 …안으로 들어오다
□ sit up 일어나 앉다
□ with age 나이를 먹어
□ unwrinkled 주름이 없는
□ muscular 근육질의
□ delicate 섬세한, 가냘픈
□ glow 열과 빛을 발하다

□ wind around …에 감겨 있다
　(wind-wound-wound)
□ sprig 잔가지
□ be told to+동사원형 …하라는 말을 듣다
□ business 용건
□ welfare 행복

[1]　**come face to face with** …와 얼굴이 마주치다
When he sat up Scrooge came face to face with the first Spirit.
스크루지가 일어나 앉자 첫 번째 유령과 얼굴이 마주쳤다.

"Are you the Spirit I have been told to expect?" asked Scrooge.

"I am," said the ghostly visitor, softly.

"Who and what are you?" said Scrooge.

"I am the Ghost of Christmas Past," it said. "Your past, Ebenezer Scrooge."

"What business has brought you here?"

"Your welfare," said the Spirit.

"A good night's sleep would have been much better for me," thought Scrooge.

"Rise, and walk with me," said the Spirit.

Then it pulled Scrooge toward the window.

"But I will fall," said Scrooge nervously.

"My touch will keep you safe," said the Spirit.

---

2  **trimmed with** (가장자리가) …로 장식된
It wore a pure white dress trimmed with summer flowers.
유령은 가장자리가 여름 꽃으로 장식된 순결한 백색의 드레스를 입고 있었다.

### Mini-Lesson

**if 절을 대신하는 명사구**

명사구가 가정법 문장의 if절을 대신하기도 한답니다. 이때 주절의 동사로 가정법 문장임을 눈치챌 수 있어요.

- "A good night's sleep would have been much better for me," thought Scrooge.
  '하룻밤 푹 잔다면 나에게 훨씬 더 좋았을 텐데.' 라고 스크루지는 생각했다.
- Thirty thousand dollars could save the kid's life.  3만 달러면 그 아이의 생명을 살릴 수 있을 텐데.

The Spirit and Scrooge flew through the window and over the dark and foggy city of London. Soon the sun rose and Scrooge could see the snow-covered countryside.

"Good Heavens!" he cried. "This is where I was born. I lived here when I was a young boy!"

A thousand familiar smells floated in the air. Tears came to his eyes as he remembered long forgotten thoughts, hopes, and joys.

They walked along the road. Scrooge recognized every gate, post, and tree, and everyone he saw along the way. All the boys were laughing and shouting to each other and music and singing filled the air.

"They can't see us," said the Spirit. "This is how life used to be around here."

Scrooge knew the name of each of the boys. But why did he feel so happy when he saw them? And why did he cry when he heard them call "Merry Christmas" to each other? What good had Christmas ever done him?

❓ Scrooge arrived at his hometown in the _____.
   a. morning    b. evening

□ countryside 시골
□ Good heavens! 맙소사!, 세상에!
□ long forgotten 오랫동안 잊혀졌던

□ along the way 가는 길 내내
□ used to+동사원형 과거에는 …이었다
□ do ... good …에게 이익이 되다

Soon the Spirit and Scrooge came to an old schoolhouse.

"The pupils have gone home for the holidays," said the Spirit. "But one poor boy has been left there, alone."

"I remember," said Scrooge, and he began to sob.

The school had fallen into ruin over the years. [1] Outside, everything was overrun with grass and [2] weeds. Inside, the entrance hall was dreary and freezing cold. The Spirit and Scrooge went into a room at the end of the hall.

A little boy sat reading at one of the old desks. He was trying to warm himself by a small fire. Scrooge knew that he was looking at himself as[*] a lonely young boy. He began to weep for the past that he had lost. Then he sighed loudly.

여기서 as는 '…로서'라는 뜻의
자격을 나타내는 전치사로 쓰였답니다.

"What's the matter?" said the Spirit.

"Nothing," said Scrooge. "Nothing. There was a boy singing a Christmas Carol at my door last night. I wish I had given him something. That's all." [3]

The Spirit smiled thoughtfully and said, "Let's see another Christmas."

---

1 **fall into ruin** 황폐해지다, 폐허가 되다
The school had fallen into ruin over the years.
학교는 여러 해에 걸쳐 황폐해져 있었다.

2 **be overrun with** (잡초 등)으로 우거지다
Outside, everything was overrun with grass and weeds.
바깥은 모든 것들이 풀과 잡초로 우거져 있었다.

3 **I wish + 주어 + had + p.p.** (과거 일을 후회) …했더라면 좋았을 텐데
I wish I had given him something. That's all.
그 소년에게 얼마라도 주었더라면 좋았을 텐데요. 그뿐입니다.

---

☐ schoolhouse 교사(校舍)
☐ pupil 제자, 학생
☐ sob 흐느끼다
☐ weed 잡초
☐ entrance hall 현관 홀

☐ dreary 을씨년스러운
☐ weep 눈물을 흘리다
　(weep-wept-wept)
☐ thoughtfully 생각에 잠긴 듯, 배려심
　있게

The Spirit and Scrooge watched as the young Scrooge grew taller. The room became darker and dirtier. The windows cracked and plaster fell from the ceiling.

Scrooge saw himself alone again at Christmas. He shook his head sadly, and glanced anxiously toward the door. It opened and a little girl skipped in. She put [1] her arms about his neck.

"I've come to bring you home, dear brother," said the girl, excitedly.

"Home, little Fan?" said young Scrooge.

---

1 **put one's arms about** ···을 끌어안다, ···에 양팔을 두르다
She put her arms about his neck. 그녀는 오빠의 목을 끌어안았다.

2 **die + 명사/형용사** (···한 상태로) 죽다
"She married," said the Spirit, "and died a young woman. She had children, I believe?" "그 여자 아이는 결혼을 하고 젊어서 죽었지. 아이가 있던 걸로 기억하는데?" 유령이 말했다.

"Yes," she said. "Home, forever and ever. Father is much kinder now than he used to be. You will never have to come back here again. Now we can all have a very happy Christmas together."

She clapped her hands, and hugged him. Then they hurried outside to their coach and set off for home.

"She was always a delicate child," said the Spirit, "but she had a big, warm heart."

"Yes, you're right," cried Scrooge. "No one could say otherwise!"

"She married," said the Spirit, "and died a young [2] woman. She had children, I believe?"

"One child," said Scrooge.

"Ah yes, your nephew," said the Spirit.

Scrooge seemed uneasy in his mind and answered briefly, "Yes."

---

□ crack 금이 가다
□ plaster 회반죽, 벽토
□ glance 흘끗 보다; 흘끗 보기
□ anxiously 걱정스럽게, 초조하게
□ skip in 팔짝팔짝 뛰며 안으로 들어가다
□ excitedly 흥분하여, 들떠서
□ clap one's hands 손뼉을 치다

□ hug 껴안다
□ coach 마차
□ set off for …을 향해 출발하다
□ delicate 연약한, 허약한
□ otherwise 달리, 다르게
□ uneasy in one's mind
  마음이 편치 않은

The Spirit and Scrooge left the school and entered a busy city. The streets were well lit and the shop windows were decorated for Christmas. The Spirit stopped at a warehouse door.

"Do you know this building?" it said.

"I was an apprentice here," said Scrooge.

They went in. An old gentleman sat writing behind a large desk.

"Why, it's old Fezziwig," said Scrooge, happily. "Bless his heart."

Old Fezziwig looked up at the clock. It was seven o'clock. He put down his pen and rubbed his hands together. Then he began to laugh.

"Ebenezer! Dick! Come here," he called merrily.

A young Scrooge appeared with another young man.

---

1 **clear ... away** ···을 치우다
Clear your work away, and make room for the celebrations.
일감을 치우고 파티를 열 자리를 마련하게나.

2 **(be) followed by** (뒤에) ···가 따라오다, 이어지다
Then a fiddler appeared, followed by Mrs. Fezziwig and her three daughters.
그리고 바이올린 연주자가 나타났는데, 뒤에 페지위그 부인과 세 딸이 따라왔다.

"That's Dick Wilkins," whispered Scrooge to the Spirit. "We were such good friends."

"It's Christmas Eve," said Fezziwig. "Clear your [1] work away, and make room for the celebrations."

The two young men quickly swept the floor and heaped wood on the fire. Then a fiddler appeared, followed by Mrs. Fezziwig and her three daughters. [2] Soon, all the employees, local shopkeepers, friends and neighbors joined them.

☐ decorated 장식이 된
☐ warehouse 도매상점
☐ apprentice 견습생
☐ why (감탄사) 이런, 아니
☐ bless …에게 축복을 내리다
☐ rub one's hands together
　 양손을 비비다

☐ make room 자리를 마련하다
☐ celebration 축하연
☐ sweep 빗질하다, 청소하다
　 (sweep-swept-swept)
☐ heap 쌓아올리다
☐ fiddler 바이올린 연주자
☐ employee 종업원, 고용인

Everyone merrily sang and danced and ate and drank. At eleven o'clock the party ended. Mr. and Mrs. Fezziwig stood at the door and wished each of their guests a "Merry Christmas."

Scrooge smiled. He remembered that happy group of people very well.

"Old Fezziwig could lighten our work or give us more," said Scrooge. "But he was always happy, and kind to everyone. That was worth much more than the few pennies he spent on those that loved him."

Scrooge felt the Spirit's glance, and stopped.

"What's the matter?" asked the Spirit.

"Nothing in particular," said Scrooge. "But I wish I'd been kinder to Bob Cratchit this morning. That's all."

"Quick, my time is growing short," said the Spirit. "Watch this."

---

1 **wish + 간접목적어(A) + 직접목적어(B)** A에게 B라고 인사하다
Mr. and Mrs. Fezziwig stood at the door and wished each of their guests a "Merry Christmas." 페지위그 부부는 문가에 서서 손님들에게 일일이 "메리 크리스마스"라고 인사했다.

☐ lighten 덜어 주다
☐ worth …의 가치가 있는
☐ pennies 1페니(영국의 화폐단위인 penny)의 복수형

☐ in particular 특별히
☐ quick 어서, 서둘러
☐ grow short 줄어들다

Now Scrooge saw himself as an older, but still young man. His face looked tired and mean. A pretty, young woman sat sobbing beside him.

"You have changed, Ebenezer," she said, softly. "Your passion for making money has replaced any compassion you once had for others."

"But Belle, my feelings for you have not changed," he said.

"We became engaged when we were both happy to be poor," said Belle.

"I was just a boy, then," he said.

"You are only interested in what you can **gain**, [1] Ebenezer, not what you can **give**. If you had the choice, I don't believe you would choose a poor girl like me again! Therefore I release you from your [2] promise. Now, go and enjoy the life you have chosen."

---

[1] **be interested in** ···에 관심이 있다
You are only interested in what you can **gain**, Ebenezer, not what you can **give**. 에버니저, 당신은 이제 당신이 무얼 '베풀 수 있느냐'가 아니라 무얼 '얻을 수 있느냐'에만 관심이 있어요.

[2] **release A from B** A를 B로부터 놓아주다
Therefore I release you from your promise.
그러니까 제가 당신을 그 약속으로부터 놓아드릴게요.

"Spirit," said Scrooge, "I have seen enough. I want to go home."

"I have one more shadow to show you," said the Spirit.

"No more! I don't wish to see it."

But the Spirit held onto Scrooge's arm, and made him watch what happened next.

□ beside …옆에서
□ passion for …에 대한 열정
□ replace …을 대신하다
□ compassion for …에 대한 연민
□ engaged 약혼한
□ gain 얻다, 벌다
□ shadow 헛것, 망령
□ hold onto …을 꽉 붙잡다

Now the Spirit and Scrooge were in a small, comfortable room. Scrooge was surprised to see an older Belle sitting near the fire. Opposite her, sat her beautiful young daughter. More children were playing games, and filling the house with happy noise.

Then the door opened and Belle's husband walked in. He was carrying lots of Christmas presents. The children were everywhere, shrieking with delight as each parcel was opened. Then he sat down beside Belle.

"I saw an old friend of yours this afternoon," he said. "Guess who?"

"Mr. Scrooge?" she said, laughing.

"That's right!" he said. "I've heard that his partner, Jacob Marley, is dying. So there he was, all alone in his office, and all alone in the world!"

"Spirit," said Scrooge in a broken voice, "take me away from this place."

"This is your past!" said the Spirit. "I cannot change it."

"Leave me or take me back home," exclaimed Scrooge.

The Spirit faded away, and suddenly Scrooge felt very tired. He knew he was back in his own bed, and sank into a deep sleep. [1]

---

☐ comfortable 편안한, 아늑한
☐ opposite ⋯의 맞은편에
☐ fill A with B A를 B로 가득 채우다
☐ shriek with delight 기뻐서 소리를 지르다

☐ parcel (선물) 꾸러미
☐ guess 짐작하다
☐ say in a broken voice 띄엄띄엄 말하다
☐ exclaim 소리치다

[1] **sink into a deep sleep** 깊은 잠에 빠지다
He knew he was back in his own bed, and sank into a deep sleep.
그는 자신의 침대로 돌아와 있음을 알고는, 깊은 잠에 빠졌다.

 # Check-up Time!

● **WORDS**

다음 단어와 단어의 뜻을 서로 연결하세요.

1 crack   •

2 sprig   •

3 chime   •

4 welfare   •

• a. to make ringing sounds

• b. the good fortune, health and happiness of a person

• c. to break without complete separation of parts

• d. a small branch

● **STRUCTURE**

괄호 안의 단어를 문형과 어법에 맞게 배열해 문장을 완성하세요.

1 _____ _____ _____ _____, the more confused he became. (more, the, thought, he)

2 _____ _____ _____ _____ he tried to forget the Ghost, he could not. (matter, how, hard, no)

3 When he sat up Scrooge _____ _____ _____ _____ _____ the first Spirit. (face, to, with, face, came)

본문의 내용과 일치하면 T, 일치하지 않으면 F에 표시하세요.

1 When the Spirit visited Scrooge, he was    T   F
  sleeping.

2 Fan came to visit Scrooge and take him    T   F
  home.

3 The Spirit wore a white dress trimmed with    T   F
  winter flowers.

4 Scrooge remembered the name of each of    T   F
  the boys in his hometown.


● SUMMARY

빈칸에 맞는 말을 골라 이야기를 완성하세요.

---

At one o'clock, the Ghost of Christmas Past appeared and led Scrooge to his (　　). There he saw a young Scrooge all alone in an old (　　). And he saw his sister little Fan and old Fezziwig for whom he had once worked. Finally, he saw the girl he (　　), and the happy home she shared with her husband and children. Scrooge (　　) for the past he had lost and realized that he couldn't chang it.

---

a. schoolhouse　　　b. wept　　　c. loved　　　d. hometown


ANSWERS

# The Second of the Three Spirits

두 번째 유령

Just before one o'clock Scrooge woke up. He pulled [1] back the curtains from around his bed. Now he could see into every corner of the room.

"The second Spirit will be here soon. But this time I'll be ready for it!"

Scrooge was prepared for anything, but the Spirit did not appear at one o'clock. Scrooge waited and waited, but nothing happened. He was worried and began to shake. About fifteen minutes later a bright red light washed over him.

"Where is it coming from?" he said nervously.

---

1 **pull back** …을 뒤로 젖히다
   He pulled back the curtains from around his bed.
   그는 침대 주위에 쳐져 있던 커튼을 뒤로 젖혔다.

2 **scramble out of bed** 침대에서 기어 나오다
   He scrambled out of bed and tiptoed toward it.
   그는 침대에서 기어 나와 그곳을 향해 살금살금 걸어갔다.

The light seemed to radiate from the door. He
scrambled out of bed and tiptoed toward it. [2]

"Come in, Ebenezer Scrooge," called a strange voice
as he opened the door. He jumped with fright, but
obeyed the command.

---

□ see into 조사하다
□ be prepared for ⋯에 준비가 되어
　있다
□ wash over 감싸다, 엄습하다, 휩쓸다

□ radiate from (빛이) ⋯로부터
　발산되다
□ tiptoe 발끝으로 살금살금 걷다
□ obey 따르다, 복종하다
□ command 명령

- □ mistletoe （크리스마스 장식용으로 쓰이는) 겨우살이 가지
- □ roar up 힘찬〔큰〕 소리를 내며 …위로 치솟다
- □ throne 왕좌
- □ plum pudding 건포도가 든 푸딩
- □ spicy 향긋한
- □ on top of …의 위에
- □ jolly （약간 취하여) 기분 좋은
- □ torch 횃불
- □ reluctantly 마지못해
- □ bare 살을 드러낸
- □ robe 길고 헐렁한 겉옷
- □ fur （동물의) 털
- □ icicle 고드름

It was his room, but it had changed. Now the walls and ceiling were covered with holly, ivy, and mistletoe. A huge fire roared up the chimney.

There was a strange throne in the middle of the room. It was made from turkeys, oysters, sausages, plum puddings and fresh fruit. Steaming bowls of delicious spicy punch* sat next to it. And on top of it sat a jolly fat Spirit. 펀치는 포도주 등에 물·우유·과즙·향료 등을 섞은 음료를 말해요.

It was pointing a glowing torch at Scrooge. [1]

"Come in, and talk to me," said the Spirit.

Scrooge tiptoed in and stood quietly before the jolly Spirit. He felt its kind and gentle eyes watching him.

"I'm the Ghost of Christmas Present," said the Spirit. "Come closer and look at me, Ebenezer Scrooge."

Scrooge reluctantly looked at the Spirit. Its feet were bare, and it wore a simple green robe trimmed with white fur. On top of its long, brown curly hair sat a crown of holly that sparkled with shiny icicles.

---

1 **point A at B**  A를 B에게 들이대다
It was pointing a glowing torch at Scrooge.
유령은 타오르는 횃불을 스크루지에게 들이대고 있었다.

"Spirit, show me what to do," said Scrooge. "I will never forget the hard lesson I learned last night. So, please teach me how to be kind and good."

"Touch my robe," said the Spirit.

When Scrooge did so, his room vanished and he was standing on the street with the Spirit on Christmas morning. The sky was gloomy, and snow was falling in showers of sooty flakes. It was freezing, but men were busy clearing snow from the footpaths and rooftops.

Children were happily building snowmen and having snowball fights. Music, happy chatter and delicious aromas came from the dark and dingy houses. Women gossiped as they waited patiently to buy their turkeys and sweet cakes. Everyone was happy, and goodwill filled the air.

☐ hard 힘겨운, 엄한, 어려운
☐ vanish 사라지다
☐ shower 갑자기 쏟아지는 눈
☐ sooty 검댕처럼 검은
☐ flake (눈) 조각
☐ footpath 인도
☐ rooftop 지붕, 옥상

☐ snowball fight 눈싸움
☐ chatter 재잘거림, 잡담
☐ aroma 향기
☐ dingy 우중충한
☐ gossip 잡담을 하다
☐ patiently 참을성 있게
☐ goodwill 온정, 호의, 친절

## Mini-Less☀n

### be busy ...ing : …하느라 분주하다, 바쁘다

- Men were busy clearing snow from the footpaths and rooftops.
  남자들은 길과 지붕에 덮인 눈을 치워내느라 분주했다.
- Jasmine was busy learning how to make it.
  재즈민은 그것을 만드는 방법을 배우느라 바빴다.

The Spirit led Scrooge to the home of his clerk, Bob Cratchit.

Mrs. Cratchit and her daughters, Belinda and Martha, were laying the table for dinner. Peter [1] Cratchit was watching the potatoes cook. Two smaller Cratchits, a boy and a girl, were screaming and dancing excitedly around the table.

"Father's coming," shouted the two youngest.

Bob Cratchit came in carrying his small, crippled son. Tiny Tim couldn't walk without a crutch so his father usually carried him.

"Christmas is the one time of the year when families should be together," said Bob.

He smiled as he sat Tiny Tim beside him at the table.

Martha and Belinda brought in the gravy, applesauce and mashed potatoes. Peter brought in the goose for Mrs. Cratchit to carve.

**?** Bob has _____ children.
**L** a. four     b. five     c. six

尾目 o

---

1 **lay〔set〕the table**  식탁을 차리다
Mrs. Cratchit and her daughters, Belinda and Martha, were laying the table for dinner.
크래칫 부인과 두 딸인 벨린다와 마사는 만찬 식탁을 차리고 있었다.

- ☐ **crippled**  다리를 저는
- ☐ **crutch**  목발
- ☐ **bring in**  들여오다 (bring-brought-brought)
- ☐ **gravy**  그레이비(고기를 익힐 때 나온 육즙에 밀가루 등을 넣어 만든 소스)
- ☐ **mashed potato**  으깬 감자
- ☐ **carve**  (요리된 큰 고기 덩어리를 먹기 좋게) 저미다, 자르다

When they had finished eating, Bob said, "Well, my dear Mrs. Cratchit, I have never before eaten such a tasty goose!"

And all the children agreed.

Then Mrs. Cratchit poured hot brandy on the pudding and set it alight.

"Oh, what a wonderful pudding," said Bob. "I declare it's Mrs. Cratchit's best ever!" [1]

At last the dinner was all done, and the family gathered around the fire. They roasted chestnuts and drank warm wine.

"God bless us and a Merry Christmas to us all," said Bob cheerfully.

Tiny Tim sat beside his father on his little stool.

"And God bless us, every one!" he said.

---

□ pour 붓다
□ set ... alight …에 불을 붙이다
□ declare (that)절 …라고 선언하다
□ roast 굽다
□ chestnut 밤

□ stool (팔걸이가 없는) 의자
□ toast to …을 위한 건배
□ feast 성찬
□ hateful 가증스러운
□ unfeeling 무정한

1 **최상급 + ever** 지금까지 중 최고의(가장 …인)
I declare it's Mrs. Cratchit's best ever!
크래칫 부인이 지금까지 만든 것 중 최고라고 선언합니다!

Just then, Scrooge heard his name.

"A toast," said Bob, raising his glass. "To Mr. Scrooge, the Founder of the Feast."

"The Founder of the Feast, indeed!" cried Mrs. Cratchit angrily. "I wish he was here. I'd soon tell him how mean he is!"

"Now, my dear, it is Christmas Day," said Bob.

"Only on Christmas Day could you toast such a hateful and unfeeling man as Mr. Scrooge!" she said. "Nobody knows it better than you. I'll do it for your ² sake but not for his!"

"My dear, it is the season of goodwill," said Bob.

---

2 **for one's sake** …을 위해서
I'll do it for your sake but not for his!
난 스크루지 씨가 아니라 당신을 위해서 그렇게 하겠어요!

**Mini-Less⊙n**    See p.117

**도치**: Only + 부사(구) + 조동사/do동사 + 주어 + 동사원형
「Only + 부사(구)」를 강조하기 위해 문두에 둘 때는 그 뒤는 어순이 도치되어
「조동사/do동사 + 주어 + 동사원형」이 된답니다.

• Only on Christmas Day could you toast such a hateful and unfeeling man as Mr.
Scrooge! 크리스마스에나 당신이 스크루지 씨같이 가증스럽고 무정한 양반을 위해 건배를 할 수 있겠죠!
• Only there did the real Christmas celebrations begin.
오직 거기서만 진정한 크리스마스 축하연이 시작되었다.

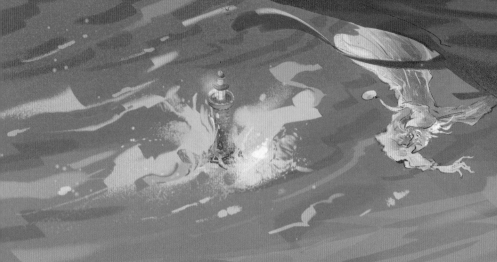

Suddenly Scrooge said, "Spirit, tell me if Tiny Tim will live."

"He will die if nothing happens to change his future," said the Spirit.

"Oh, no, kind Spirit!" said Scrooge. "Please say he will live!"

"Let him die, then there will be more for those who are left!"

Scrooge felt ashamed to hear his own words repeated to him.

Suddenly, Tiny Tim began to sing in his sad little voice. Then the whole family joined in. Scrooge couldn't take his eyes off them.

---

if ···인지 아닌지 (= whether)
Spirit, tell me if Tiny Tim will live.
유령님, 꼬맹이 팀이 살 수 있는지 아닌지 제게 말씀해 주세요.

The Spirit led him outside. It was snowing heavily and almost dark.

They flew over fields and across the sea. Scrooge was astonished to hear in every home, lighthouse and ship, kind words spoken between men, women and children.

"I am surprised to hear such merriment everywhere," said Scrooge.

---

**feel ashamed to + 동사원형** …하자 부끄러워지다
Scrooge felt ashamed to hear his own words repeated to him.
스크루지는 자신이 했던 말이 자신에게 되풀이되는 것을 듣자 부끄러워졌다.

**take one's eyes off** …로부터 눈을 떼다
Scrooge couldn't take his eyes off them.
스크루지는 그들로부터 눈을 뗄 수가 없었다.

---

join in 참가하다, 함께 하다
be astonished to+동사원형 …하고
서 깜짝 놀라다

lighthouse 등대
merriment 명랑함, 유쾌, 왁자지껄
하게 웃기

- cozy 아늑한, 안락한
- heartily 진심으로, 열심히
- Shame on ...! ⋯은 부끄러운 [창피한] 줄 알아라!
- grumble 투덜대다
- moan 투덜대다, 불평하다

- pity 불쌍해하다, 동정하다
- niece 조카며느리; 질녀
- tune 곡조, 곡
- whistle ⋯을 휘파람으로 불다
- miserable 비열한, 가련한
- selfish 이기적인

All of a sudden, Scrooge found himself in his nephew's bright and cozy house. Fred, his wife and friends were all laughing heartily at someone's joke.

"He said that Christmas was a humbug," said Fred.

"Shame on him!" said Fred's wife.

"He's a strange, old fellow. But he only has himself[1] to blame."

"He's very rich, isn't he, Fred?" she said.

"So what, my dear? He's mean and never does any good with his money. He won't even come and dine with us. My Uncle will probably grumble and moan every Christmas till he dies. But I do pity him."[2]

After tea, Scrooge's niece sat down at the harp to play a merry tune. Scrooge recognized the tune. Many years ago, he had whistled it while Fan sang in her sweet voice. He had been kinder and more thoughtful then. Now, he realized, he was just miserable and selfish.

---

1  **have oneself to blame**  잘못은 …에게 있다
He's a strange, old fellow. But he only has himself to blame.
외삼촌은 괴짜 노인이셔. 하지만 잘못은 오로지 그분에게 있지.

2  **조동사 do(인칭 및 시제 반영) + 동사원형  (강조) 정말로 …하다**
But I do pity him.  하지만 난 외삼촌이 정말로 불쌍해.

Later that evening, all the guests played games. There were shrieks of laughter as they enjoyed themselves. Scrooge forgot that they couldn't see or hear him, and played too. He was starting to enjoy himself. But the Spirit wanted them to leave.

"They're starting a new game. Please, kind Spirit, let me stay a little longer."

It was a game called "Yes and No." Fred had to think of something or someone. Then the others had to question him to find the answer. But he could only reply with Yes or No.

"Is it an animal?"

"Yes."

"Does it live alone?"

"Yes."

"Is it bad-tempered, and does it growl whenever it walks the streets?"

"Yes."

Each time he answered, Fred burst out laughing.

---

1 **drink a toast to** ···을 위해 건배하다
He has made us laugh tonight. So we should drink a toast to him. 삼촌은 오늘밤 우리를 웃게 해 주었소. 그러니 삼촌을 위해 건배합시다.

Finally, his wife jumped up and squealed, "I know, I know. It's your Uncle Scrooge!"

"You're right," said Fred. "He has made us laugh tonight. So we should drink a toast to him." [1]

"To Uncle Scrooge," everyone shouted.

"A Merry Christmas and a Happy New Year to the old man," said Fred.

Scrooge wanted to stay longer but the Spirit whisked him away.

They traveled far and wide. After a while, Scrooge noticed a strange thing.

"Why are spirits' lives so short?" asked Scrooge. "I can see you growing older by the minute."

"We are only allowed a brief life," said the Spirit. "Mine ends tonight."

"Tonight?" said Scrooge.

"Yes, at midnight," said the Spirit. "Hurry, it is getting late."

They heard the chimes ringing a quarter to midnight.

---

☐ shriek of laughter 날카로운 웃음 소리
☐ bad-tempered 심술궂은
☐ burst out ...ing 갑자기 …하기 시작하다
☐ jump up 벌떡 일어서다
☐ squeal 비명을 지르다
☐ whisk ... away …을 홱 데려가다
☐ by the minute 매분마다, 시시각각으로

"Is that a small foot I see poking out of your [1] clothes?" asked Scrooge.

From underneath the Spirit's robe, two small, unhappy children appeared. They clung to the [2] Spirit's clothes, and glared at Scrooge. Their skin was yellow, and they were thin and dirty.

Scrooge was shocked and asked, "Spirit, are these children yours?"

"They are the children of all Men. The boy is **Ignorance**. The girl is **Want**. Beware them both until you learn to care more for others than for yourself!"

"Have they no home or family?" cried Scrooge.

"Are there no prisons?" said the Spirit, using Scrooge's own words. "Are there no workhouses?"

---

□ from underneath …의 아래로부터
□ glare at …을 노려보다
□ ignorance 무지
□ want 결핍

□ beware 조심〔경계〕하다
□ care for 좋아하다, 보살피다, 신경쓰다
□ prediction 예언

1 **poke out of** …밖으로 삐져〔튀어〕 나오다
Is that a small foot I see poking out of your clothes?
유령님의 옷자락 밖으로 삐져 나와 보이는 건 작은 발입니까?

2 **cling to** …에 매달리다, 달라붙다
They clung to the Spirit's clothes, and glared at Scrooge.
그들은 유령의 옷자락에 매달려서는 스크루지를 노려보았다.

Then the clock struck twelve.

Scrooge looked for the Ghost of Christmas Present but it had gone. At the last stroke of twelve, he remembered the prediction of old Jacob Marley. He looked up, and saw the third Spirit through the fog.

 # Check-up Time!

## ● WORDS

빈칸에 알맞은 단어를 보기에서 골라 써넣으세요.

| gossiped | roasted | radiated | obeyed |
|---|---|---|---|

**1** The light _____ from the door.

**2** They _____ chestnuts and drank warm wine.

**3** He jumped with fright, but _____ the command.

**4** Women _____ as they waited patiently to buy their turkeys.

## ● STRUCTURE

괄호 안의 두 단어 중 알맞은 단어를 골라 문장을 완성하세요.

**1** He couldn't take his eyes (of / off) them.

**2** I declare it's Mrs. Cratchit's best (ever / before)!

**3** The men were busy (clearing / to clear) snow from the footpaths.

**4** Scrooge pulled back the curtains and saw (by / into) every corner of the room.

이야기의 흐름에 맞게 순서를 정하세요.

a. Peter was watching the potatoes cook.

b. There was a strange throne in the middle of the room.

c. Scrooge's niece sat down at the harp to play a tune.

d. Scrooge scrambled out of bed and tiptoed toward the door.

(   ) → (   ) → (   ) → (   )

● SUMMARY

빈칸에 맞는 말을 골라 이야기를 완성하세요.

The second Spirit appeared and led Scrooge to the home of his (   ), Bob. Bob's family were eating their Christmas dinner, and they drank a toast to Scrooge. There he heard from the Spirit that Bob's (   ), Tiny Tim, would not live much longer. Then the Spirit and Scrooge went to his nephew's house. His family and friends were enjoying a (   ) of "Yes and No." Later Scrooge saw two unhappy children under the Spirit's (   ). They were the children of all Men and called Ignorance and Want.

a. robe      b. game      c. clerk      d. son

ANSWERS

산타는 어디서 왔을까?

# Where Did Santa Come from?

Most people agree that the true story of Santa Claus begins with Nicholas. Nicholas was born during the third century in the village of Patara, that today lies on the southern coast of Turkey. His wealthy parents, who raised him to be a devout Christian, died while Nicholas was still young.

One day as Nicholas prayed, Jesus told him to use everything he owned to help the poor. And this he did, using his whole inheritance to assist the needy, the sick, and the suffering. Nicholas dedicated his life to serving God, and was made Bishop of Myra while still a young man. The anniversary of his death on December 6, AD 343 became known as Saint Nicholas Day, a day of family celebration.

The Europeans who emigrated to the United States, took their St. Nicholas tradition of gift giving with them. Gradually, over

time, Nicholas became known as "Santa Claus" and was depicted with his sleigh, bells and reindeer.
Originally, people gave homemade presents to each other. However, with the introduction of mass production of goods, and large department stores, "Santa Claus" became increasingly associated with commercialism. Today Saint Nicholas is still celebrated as a gift-giver and the icon of charity.

대개의 사람들은 산타클로스 이야기는 니콜라스에서 시작한다는 데 의견의 일치를 보인다. 니콜라스는 3세기, 지금의 터키 남부 해안에 해당하는 파타라라는 마을에서 태어났다. 부유했던 부모님은 그를 독실한 기독교인으로 키웠는데 니콜라스가 아직 어렸을 때 세상을 뜨고 말았다. 어느 날 니콜라스가 기도를 하고 있는데, 예수가 나타나 그가 가진 모든 것을 가난한 이웃을 위해 쓰라는 계시를 내렸다. 니콜라스는 그가 물려받은 유산 전부를 궁핍하고 병들고 고통받는 이를 위해 씀으로써 이 말을 실천했다. 니콜라스는 하느님에게 봉사하는 데 일생을 바쳤으며, 젊은 나이에 미라의 주교가 되었다. 그가 죽은 서기 343년 12월 6일은 성 니콜라스 데이로 알려지게 되었으며 가족들의 축하 행사일이 되었다.
신대륙으로 건너온 유럽인들은 선물을 주고받는 성 니콜라스 전통도 함께 가져왔다. 세월이 흐르면서 니콜라스는 점차 '산타클로스'로 알려지게 되었으며, 그가 사용한 썰매와 종, 순록과 함께 묘사되었다. 처음에 사람들은 자신이 직접 만든 선물을 주고받았다. 그러나 상품의 대량 생산과 대형 백화점의 출현으로 '산타클로스'는 갈수록 상업주의와 결부되었다. 오늘 날에도 성 니콜라스는 선물을 가져다 주는 사람과 자비의 상징으로 기려지고 있다.

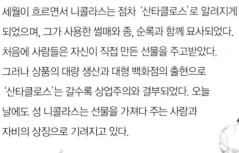

# The Last of the Spirits

마지막 유령

The Spirit came slowly, gravely and silently toward Scrooge. A black robe covered its tall body, and only one outstretched hand could be seen.

"Are you the Ghost of Christmas Yet To Come?" asked Scrooge, nervously.

The Spirit gave no reply, but pointed forward with its hand.

"Are you about to show me the future?" [1]

The Spirit gave a slight nod of its head. Although [2] he was well used to the ghostly company by this [3] time, Scrooge was so afraid of the silent shape that his legs began to shake.

---

[1] **be about to + 동사원형** 이제 … 하려 하다
Are you about to show me the future?
이제 저에게 미래를 보여 주시려는 겁니까?

[2] **give a slight nod of one's head** 머리를 약간 끄덕이다
The Spirit gave a slight nod of its head.
유령은 머리를 약간 끄덕였다.

"Ghost of the Future," he exclaimed, "I fear you more than any ghost I have seen. But I know you are here to change me to a good and kind man. I am prepared to accompany you, so will you speak to me please?"

But the Spirit continued to point straight ahead.

"Very well, lead on, Spirit," said Scrooge. "It will soon be morning."

---

3 **be used to** ⋯에 익숙하다
Although he was well used to the ghostly company by this time, Scrooge was so afraid of the silent shape that his legs began to shake. 스크루지는 지금쯤 유령과 함께 있는 것에 아주 익숙해져 있었지만, 이 말없는 형체는 너무나 무서워 다리가 후들거리기 시작했다.

---

- □ gravely 엄숙하게, 장중하게
- □ outstretched 펼친, 내민
- □ yet to come 아직 오지 않은, 미래의
- □ point forward 앞을 가리키다
- □ company 함께 있음, 동행

- □ exclaim 소리치다
- □ fear 두려워하다
- □ accompany ⋯을 따라가다
- □ straight ahead 똑바로
- □ lead on 앞장서서 가다

Scrooge followed the Spirit to the street where he had his office. Along the way, they stopped to listen to a group of businessmen.

"No," said a fat man, "I only know that he is dead."

"When did he die?" asked a red-faced man.

"Last night, I believe."

"I thought he'd never die," said a tall, thin man. "What was the matter with him?"

"God knows," said the fat man, with a yawn.

"What has he done with his money?" asked the red-faced gentleman.

"No one knows, but he hasn't left it to me!" [1] said the fat man.

---

☐ red-faced 얼굴이 불그스름한
☐ with a yawn 하품을 하며
☐ stroll away 슬슬 걸어가 버리다
☐ shudder 떨다, 몸서리치다
☐ unseen 보이지 않는

The group of men began to laugh.

"It will be a cheap funeral," continued the fat man.

"I don't mind going if lunch is provided," said the
tall man.

"I'll go if someone else will," said the fat man. "But
I must rush now, so I will say goodbye."

They strolled away and stopped to talk with other
groups of men.

"Who are they talking about?" thought Scrooge.

He knew the men. They couldn't be talking about
Jacob Marley. That was in the Past and this is the
Ghost of the Future. Scrooge shuddered. He felt the
Spirit's unseen eyes watching him.

---

1 **leave A to B** (유산으로) A를 B에게 남기고 죽다
  No one knows, but he hasn't left it to me!
  몰라, 그런데 나에게 남기고 죽지는 않았어!

---

Mini-Less⊙n

See p.118

**동명사를 목적어로 취하는 동사**

동사 중에는 목적어로 동명사를 취하는 것들이 있어요. mind(꺼리다, 싫어하다),
finish(끝내다), enjoy(즐기다), avoid(피하다), quit(그만두다) 등이 여기에 해당된답니다.

• I don't mind going if lunch is provided. 점심이 제공된다면 난 가는 것을 꺼리지는 않겠네.
• It was 9 o'clock when he finished reading the book. 9시가 되어서야 그는 책 읽는 것을 끝냈다.

Then the Spirit and Scrooge went into a poor part of the town where Scrooge had never been before. The narrow streets were dirty and smelled horrid. They stopped outside a shabby old shop and looked through the window. Inside they could see piles of rusty keys, nails, chains, and rags on the floor. In the middle of the shop, old Joe sat beside a charcoal stove. There was no door, and a tattered, old curtain sheltered him from the cold outside. [1]

A laundress, a charwoman and a young undertaker entered the shop. The two women carried large bundles. But the young man's bundle was much smaller. They burst into laughter when they recognized each other.

"Let me go first," said the charwoman.

Old Joe stoked the fire and lit his lamp.

"Sit by the fire and show me what you have to sell," he said.

---

□ horrid 지독한
□ shabby 초라한, 허름한
□ pile of …의 더미
□ rusty 녹슨
□ rags 누더기옷, 넝마
□ tattered 누더기가 된
□ laundress 세탁부(婦)

□ charwoman 일용 가정부, 파출부
□ undertaker 장의사
□ bundle 꾸러미, 다발
□ stoke (불)을 때다
□ get what one deserves 응분의 대가를 받다
□ skinflint 구두쇠

The charwoman threw her bundle on the floor and sat down.

"Who will notice if a few things are missing? Certainly not a dead man!" she said.

"I agree with that!" said the laundress.

"If he'd been kinder when he was alive, he wouldn't have died all alone," said the charwoman.

"That is true! He only got what he deserved," said the young undertaker.

"Open my bundle first, Joe," said the charwoman. "Tell me what it's worth. We've only taken what the old skinflint owed us!"

---

1 **shelter A from B** A를 B로부터 보호해 주다
There was no door, and a tattered, old curtain sheltered him from the cold outside.
문이 없었고, 오래된 너덜너덜한 커튼이 그를 바깥의 추위로부터 보호해 주고 있었다.

### Mini-Lesson

**가정법 과거완료**

과거의 사실과 반대되는 가정을 하고 싶을 때는 「If+주어+had+p.p., 주어+would/could/might/should have+p.p.」로 하면 된답니다. 이를 가정법 과거완료라고 해요.

- If he'd been kinder when he was alive, he wouldn't have died all alone.
  그가 살아 있을 때 좀더 온정을 베풀었더라면, 그렇게 외롭게 죽지는 않았을 텐데.
- If I had known it earlier, I might not have refused.
  내가 그것을 좀더 일찍 알았더라면, 반대하지 않았을지도 모르는데.

But the young undertaker opened his bundle first. Inside, there were some stamps, some buttons, and a cheap brooch.

Joe placed some coins in the young man's hand.

"That's what they're worth. I won't pay a penny more. Who's next?"

The laundress showed him some sheets and towels, two old silver teaspoons, and a pair of boots.

Old Joe smiled and said, "I always pay ladies too much for their goods."

He handed her a few coins.

"That's all I'll pay you, so don't ask for anymore."

"Here's my bundle, Joe," said the charwoman.

He pulled out some clothing and a large, heavy roll of dark material.

"What's this?" he asked.

"Bed curtains," she said, laughing. "He isn't likely to feel the cold now he's dead!"

---

□ place 놓다, 두다
□ penny (부정문에서) 한 푼
□ hand A B A에게 B를 건네다
  (= hand B to A)
□ pull out 꺼내다

□ bed curtain 침대 주변에 드리운 커튼
□ be likely to + 동사원형 …할 것 같다
□ die of (병·기아·노령)으로 죽다
□ contagious 전염성의
□ linen 리넨, 아마사

"I hope he didn't die of anything contagious," said old Joe.

"No he didn't," she said. "And that's his best linen shirt. They would have buried him in it. So I changed it to a cheap one. It's good enough to be buried in!"

□ from head to foot 머리끝부터 발끝
　까지
□ glance around 주위를 힐끗 둘러보다
□ pale 희미한
□ uncurtained 커튼이 없는

□ unwatched 무시된
□ uncared for 보살핌을 못 받는
□ ragged 누더기의, 해진
□ care (that) 절 …에 관심을 가지다
□ beg …에게 간청하다

1 keep ...ing 계속 …하다

However, the Spirit kept pointing to the body.
하지만 유령은 계속 시체를 가리켰다.

"Spirit," said Scrooge, shaking from head to foot. "I understand! The dead man they are talking about could be me!"

Suddenly, the scene changed again.

"Where are we now?" asked Scrooge as he glanced around.

He was in a strange dark room. A pale light fell straight onto an uncurtained bed. The body of a man lay unwatched, and uncared for beneath a ragged sheet.

Scrooge saw that the Spirit was pointing to the body on the bed. Scrooge was too terrified to move. He wanted to lift the sheet but he didn't have the strength to do it.

"Spirit," he said, "this is a fearful place. Let us leave. I have learned my lesson. Trust me. Let us go."

However, the Spirit kept pointing to the body. [1]

"I can't do it," said Scrooge in anguish. "I don't have the power, Spirit. I don't have the power. Show me someone who cares that this man has died, Spirit, I beg you."

Soon the Spirit and Scrooge were standing in a small sitting room. A young woman was pacing nervously up and down. From time to time she anxiously looked out the window. It was obvious that she was waiting for bad news.

At last her husband returned. His face was careworn and depressed, but showed a kind of delight that he struggled to repress.

"What did he say?" she asked. "Do we have more time to repay our loan?"

"Yes!" replied the husband cheerfully. "He is dead!"

"Thank God!" she cried. "I hope God will forgive me for saying it."

"We may sleep more soundly tonight, my dear," said her husband. "I don't know who will take over [1] our debt. But, now we have time to save what we owe!"

---

□ sitting room 응접실
□ pace up and down ···을 서성거리다
□ anxiously 걱정스러운 듯이, 애타게
□ it is obvious that절 ···이 분명하다
□ careworn 근심으로 여윈
□ depressed 낙담한, 의기소침한
□ struggle to + 동사원형 ···하려고 애쓰다

□ repress 억제하다, 참다
□ repay 갚다
□ loan 빌린 돈
□ forgive A for B A가 B하는 것을 용서하다
□ sleep soundly 푹 자다
□ loved one 사랑하는 사람〔가족〕

The children's faces were bright as they gathered around to listen to their parents news. And it was a happier house for this man's death.

"Spirit, they are pleased that the man has died," whispered Scrooge. "Can you show me someone who is sad because of the death of a loved one?"

---

1 **take over** 이어받다, 인수하다
I don't know who will take over our debt.
우리 빚을 누가 이어받을지 모르겠소.

The Spirit escorted Scrooge to Bob Cratchit's house. The mother and her daughters were sewing. Peter was reading a book, while the little Cratchits sat silently in a corner. Scrooge knew something was wrong. The house was too quiet!

Mrs. Cratchit put down her sewing and rubbed her reddened eyes. From time to time she glanced at the clock.

"Working by candlelight hurts my eyes," she said. "Your father will soon be home. I can't let him see me like this."

"He's late," said Peter. "But I think he walks home more slowly now, Mother."

They were all quiet again.

"He always walked home quickly when he had to carry Tiny Tim," said Mrs. Cratchit, softly.

"So he did," cried Peter. ☀

---

□ escort A to B  A를 B로 호송하다
□ sew  바느질하다
□ put down  내려놓다
□ sewing  바느질 감
□ rub  비비다
□ reddened  붉어진, 충혈된

□ work by candlelight  촛불 옆에서 일을 하다
□ hurt  …을 아프게 하다
□ lay A against B  A를 B에 기대다 〔비비다〕
□ as if to+동사원형  마치 …하듯이
□ soul  사람; 영혼

They heard the front door open. It was Bob. He took off his coat, and sat by the fire. The two young Cratchits sat on his knees, and laid their heads against his cheeks, as if to say, "Don't worry, father. Don't be so sad."

Bob tried to be cheerful, but tears fell down his sad face.

"When I saw Mr. Scrooge's nephew today, he asked me why I was sad," said Bob. "I told him Tiny Tim had died, and he was so kind. He expressed his sorrow, and told me to call on him if we need any [1] help."

"I'm sure he's a good soul," said Mrs. Cratchit.

---

1 **call on + 사람** …을 찾다, …의 집을 방문하다
He expressed his sorrow, and told me to call on him if we need any help. 그는 애도를 표하면서, 도움이 필요하면 자기를 찾아 달라고 했어.

### Mini-Less☀n

See p.119

**상대방 말에 맞장구를 칠 때는?**

「So + 주어 + do 동사」 구문은 '…은 (정말) 그렇네요'라고 상대방 말에 대한 동의를 나타낼 때 쓰는 표현이랍니다.

• He always walked home quickly. — So he did.
  아버지는 항상 빨리 집으로 걸어왔지. — 아버진 정말 그랬죠.
• We had a wonderful time in Paris last summer. — So we did!
  우리는 지난 여름 파리에서 멋진 시간을 보냈어. — 우리는 정말 그랬어!

"We will never forget poor Tiny Tim!" cried Bob.

"Never, Father!" they all cried. "Never!"

"And I know," said Bob, "I know, my dears, even [1] though he was just a little child, we will always remember how patient and placid he was. We will not quarrel among ourselves, or forget poor Tiny Tim's calmness."

"No, never, father," they all cried again.

Then they all kissed him.

---

1 **even though** 비록 …이지만
I know, my dears, even though he was just a little child, we will always remember how patient and placid he was.
그래그래, 애들아, 팀이 비록 꼬맹이였지만, 우리는 걔가 얼마나 참을성이 많고 침착했는지 우리는 늘 기억할 거야.

"Spirit, please tell me the name of that man lying dead on the bed," cried Scrooge.

But the Spirit remained silent and led Scrooge to the churchyard. It pointed to one of the graves. It was overgrown with weeds.

"Before I read that headstone, please answer one question," he said. "Are we seeing things that **will** be, or things that **may** be? Please tell me that it is possible to change what you are showing me?"

But the Spirit did not answer, and continued to point at the grave.

☐ patient 참을성〔인내심〕이 있는
☐ placid 조용한, 차분한
☐ quarrel 다투다, 싸우다
☐ calmness 침착

☐ churchyard 교회 (부속) 묘지
☐ grave 무덤
☐ overgrown with …가 무성한
☐ headstone 묘석

Scrooge crept toward it, trembling as he went. He was horrified to see "Ebenezer Scrooge" engraved on the neglected headstone.

He sank to his knees and cried, "Am I that man [1] who lay on the bed?"

The finger pointed from the grave to Scrooge and back again.

"Oh no, Spirit," he cried, clutching tightly to its robe. "Is that really my grave? But you know I have changed!"

For the first time the Spirit's hand appeared to shake.

"Good Spirit," said Scrooge. "Have pity on me. Tell me I can change the future by leading a better life. I will celebrate Christmas, and I will be kind every day of the year. I will never shut out the lessons I have learned."

---

1 **sink to one's knees** 무릎을 꿇고 주저앉다
He sank to his knees and cried, "Am I that man who lay on the bed?"
스크루지는 무릎을 꿇고 주저앉으며 소리쳤다. "그 침대에 누워 있던 자가 저란 말입니까?"

2 **pull free from** …로부터 빠져나오다 ( = pull oneself away from)
But the Spirit grew stronger and soon pulled free from his grasp.
하지만 유령은 점점 힘이 세지더니 곧 스크루지의 손아귀로부터 빠져나왔다.

In his agony Scrooge grabbed the Spirit's hand. It tried to free itself but he was strong and held it tight. But the Spirit grew stronger and soon pulled free [2] from his grasp. When Scrooge looked up, the Spirit began to shrink before his eyes. Then it changed into a bedpost!

□ creep toward …을 향해 기어가다
　(creep-crept-crept)
□ horrified 크게 충격을 받은
□ engraved 새겨진
□ neglected 방치된
□ clutch to …을 움켜쥐다
□ appear to+동사원형 …하는 듯 보이다

□ have pity on …을 불쌍히 여기다
□ grab 잡다 (grab-grabbed-grabbed)
□ grasp 손아귀; 양손, 양팔
□ shrink 줄어들다
□ change into …로 변하다
□ bedpost 침대 기둥

# Check-up Time!

● **WORDS**

다음 단어와 단어의 뜻을 서로 연결하세요.

**1** accompany ·

    · a. somebody who arranges funerals

**2** undertaker ·

    · b. to go along or in company with

**3** shudder ·

    · c. to shake with slight movements

**4** skinflint ·

    · d. somebody who hates spending money

● **STRUCTURE**

빈칸에 알맞은 전치사를 보기에서 골라 문장을 완성하세요.

| of | for | with | from | to |
|---|---|---|---|---|

**1** The fat man said _____ a yawn.

**2** He didn't die _____ anything contagious.

**3** He was well used _____ the ghostly company.

**4** A tattered old curtain sheltered him _____ the cold.

**5** The body of a man lay uncared _____ beneath a sheet.

● COMPREHENSION

다음은 누가 한 말일까요? 기호를 써넣으세요.

a.

charwoman

b.
undertaker

c.

old Joe

**1** "Show me what you have to sell." _____

**2** "He only got what he deserved." _____

**3** "Who will notice if a few things are missing?" _____

● SUMMARY

빈칸에 맞는 말을 골라 이야기를 완성하세요.

Scrooge and the ghost of Christmas Yet to Come listened to a group of (          ). They were talking about a cheap (          ) for Scrooge. Scrooge and the ghost saw a laundress, a charwoman and an undertaker. They were trying to sell the things that they had taken from the dead Scrooge. Scrooge also saw a (          ) who were delighted that he was dead. He was shocked to find that (          ) was sad because of his death.

a. businessmen        b. nobody        c. funeral        d. couple

ANSWERS

Summary | a, c, d, b
Comprehension | 1. c  2. b  3. a

# The End of It

이야기의 결말

Yes, it was his bedpost! Scrooge was so happy to be back in his own room.

"My bed curtains are still here," he sobbed. "I am in my own home."

Scrooge began to cry, and said, "I have looked into [1] the future and I know I must change it! I know I can do it, and I will!"

He was glowing with good intentions as he climbed out of bed.

"I will live in the Past, the Present, and the Future. The Spirits of all Three will be with me always, Jacob Marley."

---

1 **look into** …을 살펴 보다
  I have looked into the future and I know I must change it!
  난 미래를 살펴 보았고, 그리고 내가 미래를 바꿔야 한다는 것을 알고 있어!

2 **put + 옷 + on inside out (back to front)** 옷을 뒤집어((앞뒤를) 거꾸로) 입다
  He was so excited that he put his shirt on inside out. Then he put his trousers on back to front.
  그는 너무나 흥분해서 셔츠를 뒤집어 입었다. 그런 다음 바지의 앞뒤를 거꾸로 입었다.

He was so excited that he put his shirt on inside [2] out. Then he put his trousers on back to front.

"Oh, I don't know what I'm doing," he said laughing and crying at the same time. "I'm as happy as a schoolboy. A Merry Christmas to everybody and a happy New Year to the whole world."

For a man who had been out of practice for so [3] many years, it was a splendid laugh, and the most wonderful sound.

When Scrooge heard the church bells ringing, he cried, "Oh, how wonderful, what a glorious sound."

He ran to the open window. Outside, there was no fog or mist, only bright, clear, sweet fresh air. The golden sunlight and the freezing cold soon had him dancing.

---

3 **be out of practice** 연습을 하지 않다
For a man who had been out of practice for so many years, it was a splendid laugh, and the most wonderful sound.
수년 동안 웃는 연습을 하지 않았던 사람치고는 멋진 웃음이었고, 가장 호쾌한 웃음소리였다.

□ glow with (강한 감정)으로 타오르다
□ good intention 선한 의지
□ climb out of bed 침대 밖으로 나오다
□ at the same time 동시에
□ schoolboy 남학생
□ splendid 멋있는
□ glorious 영광스러운
□ golden 황금빛의

Scrooge noticed a young boy on the street below his window.

"What day is it today, my fine young man?" he shouted.

"Today?" said the boy. "Why, it's Christmas Day, sir."

"Oh good, I haven't missed Christmas Day," thought Scrooge.

"Hallo again, my fine young fellow," he called. "Do you know the butcher's shop on the corner of the next street?"

"I certainly do, sir," said the boy.

"What an intelligent boy! Do you know whether they've sold their biggest turkey that was hanging in the window?"

"You mean the one as big as me?" called the boy.

"Oh, what a delightful boy!" said Scrooge. "Yes, that's the one."

"It's still there," said the boy.

"Oh good," said Scrooge. "Please go and buy it for me. Ask them to bring it here. Then I can tell them where to deliver it. Come back with the man, and [1] I'll give you a shilling. Come back with him in less than five minutes and I'll give you half-a-crown!"

The boy was off like a shot. [2]

---

□ notice …에 주목하다, 인지하다
□ hallo 이봐(= hello)
□ butcher's (shop) 푸줏간, 정육점
□ intelligent 총명한
□ delightful 유쾌한, 기쁨을 주는
□ deliver 배달하다
□ shilling 실링(1971년 이전 영국의 화폐 단위)
□ in less than …안에
□ half-a-crown 반 크라운 백동화(옛 영국의 2실링 6펜스에 해당)

1 **명령형 + and** …해라, 그러면
Come back with the man, and I'll give you a shilling.
푸줏간 주인을 데리고 오너라, 그러면 너에게 1실링을 주마.

2 **be off like a shot** 총알같이 뛰어가다, 급히 떠나다
The boy was off like a shot. 소년은 총알같이 뛰어갔다.

"I'll send it to Bob Cratchit's," whispered Scrooge.

He rubbed his hands together, and laughed loudly.

"He won't know I've sent it. It's twice the size of
Tiny Tim."

He wrote the Cratchit's address on a slip of paper
and went downstairs.

"Oh good, here's the turkey," said Scrooge. "Thank
you, kind sir, and a Merry Christmas to you and
your family."

"This is the biggest turkey I've ever had in my
shop," said the butcher.

"You can't carry such a large bird all the way to
Camden Town!" said Scrooge. "You must go by cab."

He began to chuckle. He couldn't stop himself. He
chuckled when he paid for the turkey, when he paid
for the cab, and when he paid the young boy. By the
time Scrooge went back indoors he had laughed so
much that he was out of breath. Then he began to
cry, but he didn't know why!

□ slip of paper (가늘고 긴) 종이 쪽지
□ butcher 푸줏간 주인
□ by cab 마차를 타고

□ chuckle 혼자 낄낄 웃다
□ stop oneself 자제하다
□ out of breath 숨이 찬

## Mini-Less☼n

**배수(A)＋명사(B): B의 A배**

twice, three(four, five ...) times 같은 배수 다음에 명사가 오면 '…의 ~배'를
뜻하는 표현이 만들어진답니다.

• It's twice the size of Tiny Tim.  그건 꼬맹이 팀 크기의 두 배는 되겠는걸.

• This computer has three times the speed of yours.  이 컴퓨터는 네 컴퓨터 속도의 세 배다.

After some time, Scrooge dressed in his best clothes and went out into the street. The people were by this time pouring forth from their homes, as he had seen them with the Ghost of Christmas Present. He walked with his hands behind him, and smiled and greeted each person cheerfully. He looked so jolly that several young men said, "Good morning, sir. And a Merry Christmas to you."

Scrooge thought they were the most joyous words he had ever heard. He had not gone far when he [1] met one of the gentlemen who had walked into his office the day before.

"My dear sir," said Scrooge. "How are you? I hope you succeeded in your fundraising yesterday. [2] It was very kind of you to think of the poor in our community."

---

1 **had not gone far when + 주어 + 과거형 동사**  얼마 못 가 …하다
He had not gone far when he met one of the gentlemen who had walked into his office the day before.
그는 얼마 못 가 전날 사무실을 찾아왔던 신사 중 한 사람과 만났다.

2 **succeed in**  …하는 데 성과를 올리다, 성공하다
I hope you succeeded in your fundraising yesterday.
어제 성금을 거두는 데 성과를 올리셨기를 바랍니다.

---

☐ **dress in one's best clothes**
　…가 가진 최고의 옷을 입다
☐ **pour forth** 쏟아져 나오다
☐ **greet** …에게 인사하다

☐ **jolly** 유쾌한
☐ **joyous** 기쁨을 주는, 반가운
☐ **fundraise** 기금을 모금하다
☐ **community** 지역 사회

---

Mini-Less ☀ n

**It is + 형용사(A) + of + 목적어(B) + to + 동사원형(C)**: C하다니 B는
참으로 A하다

• It was very kind of you to think of the poor in our community.
　우리 지역의 가난한 이웃들에게 마음을 쏟다니 당신은 참으로 인정이 많으십니다.
• It's nice of him to do like that! 그런 일을 하다니 그는 참 친절하구나!

Then Scrooge took the old gentleman with both his hands, and said, "A Merry Christmas to you, sir."

"Ah, Mr. Scrooge," said the gentleman.

"Yes," said Scrooge. "That is my name, although I fear you may [1] wish to forget it. Please accept my apology for being so rude yesterday. I wish to donate one hundred pounds to your charity!"

"Are you serious, Mr. Scrooge?"

"Yes I am," said Scrooge. "Will you accept it? Please say you will!"

---

1 **I fear (that)절** …일까 걱정되다
That is my name, although I fear you may wish to forget it.
잊어버리고 싶으신 이름인지 걱정되기는 합니다만, 그게 제 이름입니다.

The gentleman shook Scrooge's hand, and said, "I don't know what to say to such generosity."

"Don't say anything, please," said Scrooge. "Come and see me in my office. Will you come and see me?"

"Oh yes, I will," cried the old gentleman.

"Thank you," said Scrooge. "I am much obliged to [2] you."

Then Scrooge went to church for the first time in years. He walked about the streets and patted [3] children on the head and talked to beggars. He looked into the kitchens of houses and through their windows. He had never dreamed that anything could give him so much happiness.

---

[2] **be obliged to** …에 감사하다
"Thank you," said Scrooge. "I am much obliged to you."
"고맙습니다. 당신에게 정말 감사드립니다." 스크루지가 말했다.

[3] **pat + 목적어 + on the head** …의 머리를 쓰다듬다
He patted children on the head and talked to beggars.
그는 아이들의 머리를 쓰다듬고 걸인들에게 말을 걸었다.

☐ **apology for** …에 대한 사과          ☐ **charity** 자선 단체
☐ **rude** 무례한                          ☐ **generosity** 아낌 없는 마음씨, 관대함
☐ **donate** 기부하다                      ☐ **walk about** …을 이리저리 걷다

In the afternoon Scrooge hurried to his nephew's house. He passed the door a dozen times before he had the courage to go up and knock. Then he took a [1] deep breath and knocked on the door.

"Is your master at home, my dear?" he asked when a young girl appeared at the door.

"He's in the dining room with his wife, sir," she said. "I'll show you in."

"Thank you, my dear, but he knows me," said Scrooge, "I'll go in myself."

He walked inside and gently opened the dining room door. His nephew and wife were putting the [2] finishing touches to the food on their table.

---

□ take a deep breath 심호흡을 하다
□ show ... in ···을 안으로 안내하다
□ jump at ···에 움찔하다
□ at home 편안한
□ sincere 진심 어린, 진심에서 우러나온

[1] **have the courage to + 동사원형**  ···할 용기를 내다
He passed the door a dozen times before he had the courage to go up and knock.
그는 열두 번 넘게 문 앞을 지나가다가 마침내 다가가서 문을 두드릴 용기를 냈다.

[2] **put the finishing touches to**  ···에 마지막 손질을 하다
His nephew and wife were putting the finishing touches to the food on their table.
조카와 조카며느리는 테이블 위의 음식에 마지막 손질을 하고 있었다.

"Fred!" said Scrooge.

They both jumped at the sudden sound of his voice.

"Why, bless my soul!" said Fred. (God) bless my soul!은 '아이구'라는 뜻으로 깜짝 놀랐을 때 하는 말이랍니다.

"It's me. Your uncle Scrooge! I've come to dinner," said Scrooge. "Will you let me stay, Fred?"

Fred and his wife both shook hands with Scrooge, and he was quite at home in five minutes. Nothing could be more sincere. It was a wonderful party, with wonderful games, wonderful laughter, and truly wonderful happiness.

The next morning Scrooge arrived early at his office. He wanted to get there before Bob Cratchit. And he did. In fact, Bob was eighteen and a half minutes late. Scrooge sat with his door wide open so [1] that he could see his clerk as soon as he came in.

Bob took his hat off before he opened the door. He quickly sat down in his room, and began working as [2] if he was trying to make up for lost time.

"Hello," growled Scrooge, in his usual voice. "What do you mean by arriving at this time of day?"

"I am very sorry," said Bob. "I know I'm late, sir."

"Yes, you are late," said Scrooge. "Now step this way, if you please."

"Christmas is only once a year, sir," pleaded Bob, appearing from his room. "I promise it won't happen again."

> ? Bob arrived at the office around _____.
> L a. 9:08    b. 9:18    c. 9:28
>
> 용탑 a

---

1 **so that + 주어(A) + can + 동사원형(B)** A가 B할 수 있도록
Scrooge sat with his door wide open so that he could see his clerk as soon as he came in.  서기가 들어오는 것을 바로 지켜볼 수 있도록 스크루지는 문을 활짝 열어 놓고 앉아 있었다.

2 **as if 절**  마치 …하려는 듯이
He quickly sat down in his room, and began working as if he was trying to make up for lost time.  그는 재빨리 자신의 방에 들어가 걸상에 앉자마자 지나가 버린 시간을 벌충하려는 듯이 일을 시작했다.

□ **as soon as** …하자마자
□ **make up for lost time** 지나가 버린 시간을 벌충하다
□ **step this way** 이리 오게
□ **plead** 애원하다, 간청하다

"Now, I'll tell you what, my friend," said Scrooge, "I am not going to stand this sort of thing any longer. So ..."

He leapt off his chair.

"So I am about to raise your salary," he said.

"How could Mr. Scrooge play such a cruel joke on[1] me?" thought Bob. "It's obvious that he has finally gone mad!"

Bob trembled with anger, and moved a little nearer to his ruler. He briefly thought of knocking Scrooge down with it. But just then Scrooge clapped him on[2] the back.

---

□ stand 참다
□ leap off …에서 뛰어내리다
　(leap-leapt-leapt)
□ cruel 잔인한
□ go mad 미치다

□ ruler 자
□ knock ... down …을 때려 눕히다
□ deserve …을 누릴 자격이 있다
□ struggling 고생하는, 고군분투하는
□ warm up …을 덥히다

[1] **play a joke on** …에게 장난을 치다
How could Mr. Scrooge play such a cruel joke on me?
스크루지 씨는 어떻게 나에게 이런 심한 장난을 칠 수가 있지?

[2] **clap ... on the back** …의 등을 가볍게 치다
But just then Scrooge clapped him on the back.
하지만 바로 그때 스크루지는 그의 등을 가볍게 쳤다.

"A Merry Christmas, Bob," said Scrooge. "I really mean it. You deserve a merrier Christmas than I have given you for many years."

Bob couldn't believe his ears.

"That's right! I'll raise your salary, and I want to help your struggling family," continued Scrooge. "We will discuss it this afternoon. Fetch another bucket of coal and make up the fires before you do any more work. Let's warm up this office!"

Scrooge was better than his word. He did everything he promised and much more. To Tiny Tim, who did not die, he was a second father.

Ebenezer Scrooge became a good man, a good master, and a good friend to everyone he met. Some people laughed to see such a change in him, but he ignored them. He was wise enough to know that everything happened for a reason.

Scrooge now understood why he had traveled to the Past, Present and Future. At last he was happy and contented.

He never saw the Spirits again. Everyone said that he had learned to celebrate Christmas by being kind, generous and helpful. May that be said of all of us!

And so, as Tiny Tim observed, God bless Us, Every One!

---

☐ be better than one's word 약속
  이상의 것을 해내다
☐ second father 양부
☐ ignore 무시하다
☐ everything happens for a

reason 모든 일에는 이유가 있다
☐ contented 만족한
☐ generous 관대한
☐ be said of (말이) …에게 해당되다
☐ observe 말하다

---

**May + 주어(A) + 동사원형(B)!** (기원문) A가 B하기를!
May that be said of all of us! 그것이 우리 모두에게도 해당되기를!

 Check-up Time!

● **WORDS**

빈칸에 알맞은 단어를 보기에서 골라 문장을 완성하세요.

| pouring | fundraising | jumping | clapping |
|---------|-------------|---------|----------|

**1** He thought of _____ her on the back.

**2** People began _____ forth from their homes.

**3** I hope you succeeded in your _____ yesterday.

**4** I saw him _____ at the sudden sound of his voice.

● **STRUCTURE**

괄호 안의 단어들을 문형과 어법에 맞게 배열해 문장을 완성하세요.

**1** He put his shirt _____ _____ _____. (inside, on, out)

**2** The boy was _____ _____ _____ _____.
(like, shot, a, off)

**3** The turkey was _____ _____ _____ _____ Tiny Tim.
(of, size, the, twice)

**4** It was _____ _____ _____ _____ think of the poor
in our community. (of, kind, to, you)

## ● COMPREHENSION

본문의 내용과 일치하면 T, 일치하지 않으면 F에 표시하세요.

**1** A young maid led Scrooge to the dining room.   ☐T ☐F

**2** Bob didn't knock down Scrooge with his ruler.   ☐T ☐F

**3** Scrooge went to church and donated 100 pounds.   ☐T ☐F

**4** Scrooge went to the butcher's shop and ordered a turkey.   ☐T ☐F

## ● SUMMARY

빈칸에 맞는 말을 골라 이야기를 완성하세요.

Scrooge was delighted that he was back in his own room on Christmas morning. He ordered a big turkey and sent it to (        ). Then he met the old (        ) from the charity and told him that he would donate a lot of money. Later he visited his (        )'s house and had a good time. The next morning, he promised Bob that he would raise his salary and help his (        ). Scrooge was better than his word and at last he was happy and contented.

a. gentleman        b. nephew        c. family        d. Bob

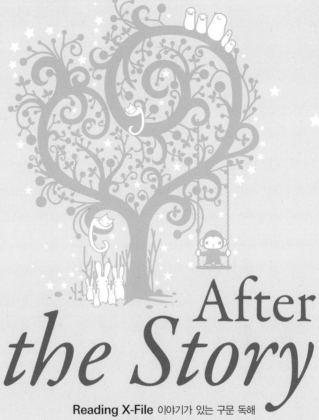

# After
# the Story

**Reading X-File** 이야기가 있는 구문 독해
**Listening X-File** 공개 리스닝 비밀 파일
**Story in Korean** 우리 글로 다시 읽기

# The more he thought,
# the more confused he became.

생각하면 할수록, 그는 더 혼란스러워졌다.

★ ★ ★

죽은 동료 말리가 유령이 되어 스크루지를 찾아와서는 곧 유령 셋이 찾아올 거라는 말을 남기고 떠납니다. 그러나 침대에서 눈을 떠보니 시간은 거꾸로 돌아간 느낌이어서, 스크루지는 자신이 말리 유령과 만난 사실에 대해 의심하기 시작하는데요. 이 때의 상황을 묘사한 위의 문장에 '…하면 할수록 더 ~하다' 라는 뜻의 the + 비교급, the + 비교급 구문이 쓰였습니다. 스크루지와 과거의 크리스마스 유령의 대화로 다시 볼까요?

Scrooge

Why do you teach me to be generous and give more to the poor?

왜 당신은 저에게 관대해져라, 가난한 사람들에게 더 많이 베풀라고 가르치시는 거죠?

Ghost of
Christmas Past

It's because the more you give, the better the community will become.

베풀면 베풀수록, 우리가 사는 곳이 더 좋아질 테니까.

# Only on Christmas Day could you toast such a hateful man as Mr. Scrooge!

크리스마스에나 스크루지 씨같이 가증스러운 양반을 위해 축배를 들 수 있겠죠!

★　★　★

현재의 크리스마스 유령을 따라 밥의 집으로 들어선 스크루지. 곧 흥겨운 파티가 열리고 분위기가 무르익을 즈음, 밥은 스크루지를 위해 건배하자고 제안합니다. 그러자 그의 부인은 심술궂은 스크루지에 대한 반감을 드러내며 위와 같이 말하죠. 이 문장에서 주목해야 할 점은 Only + 부사(구)를 강조하기 위해 문두에 둘 경우 그 뒤의 어순은 도치되어 조동사/do동사 + 주어 + 동사원형이 된다는 것이랍니다.

**Please tell me, Spirit! The future can be changed and Tiny Tim will live longer!**

제발 말씀해 주세요, 유령님! 미래가 바뀔 수 있다고, 그리고 꼬맹이 팀도 오래 살 거라고!

Scrooge

**First you must want to change for the better. Only then will his future be changed.**

먼저 자네가 개과천선해야 한다네. 그때야만 팀의 미래도 바뀔 거라네.

Ghost of
Christmas Present

# I don't mind going if lunch is provided.

점심이 제공된다면 난 가는 걸 꺼리지 않겠네.

★　★　★

스크루지는 미래의 크리스마스 유령과 함께 자신의 사무실 근처에서 사업상의 지인들이 자신의 장례식에 관해 나누는 대화를 듣습니다. 급기야 평소 알고 지내던 한 키 큰 지인이, 스크루지는 생전에 인색했던 탓에 장례식장마저 쓸쓸하다며 위와 같은 말을 하는 것을 듣게 되지요. 여기서 주의해야 할 점이 mind(꺼리다), finish(끝내다), enjoy(즐기다), quit(그만두다)와 같은 동사 뒤에는 동명사형이 쓰인다는 겁니다.

It's so amazing that Mr. Scrooge has been reborn as a totally new man, kind and generous!

스크루지가 친절하고 관대하게, 완전히 새 사람으로 다시 태어나다니 너무 놀라워요!

Belle

Right, and I wonder what made him decide to quit being a skinflint.

맞소, 그리고 무슨 이유로 구두쇠 노릇을 그만 두기로 작심하게 되었는지 궁금하다오.

Belle's husband

# "So he did," cried Peter.

"아버지는 정말 그랬죠."라고 피터는 울먹였다.

★  ★  ★

스크루지가 목격하는 미래의 모습 중에는, 다리를 저는 꼬맹이 팀이 죽은
뒤 가족들이 모여 이야기를 나누는 장면이 있는데요. 아버지가 팀을 목말
태우고 다닐 때는 정말 발걸음이 빨랐다고 어머니가 말합니다. 그러자 장
남 피터는 위와 같이 응수하며 상대방 말에 대한 동의를 표현하는데요,
바로 So + 주어 + do동사 구문을 써서 말이죠. 그럼 프레드와 푸줏간 주
인의 대화로 이 표현을 다시 한번 볼까요?

Fred

I heard Uncle Scrooge bought a very big
turkey and had you deliver it to Bob's house
by cab.

스크루지 삼촌이 큰 칠면조를 사서 당신이 밥의 집까지 마차를 타
고 배달하도록 했다고 들었어요.

Butcher

So he did. He paid for the cab.
How kind he was!

정말 그랬지요. 마차 삯도 그 분이 내시고요.
어찌나 친절하셨는지!

## 01 중간자음은 버려!

자음 사이에 오는 -d-와 -t-는 생략하고 끊듯이 발음하세요.

자음 사이에 위치한 -d-와 -t-의 발음은 종종 생략되는 경우가 있어요. 단어 중간에 [ㄷ]나 [ㅌ]와 같은 무성음이 오게 되면 발음이 딱딱해지므로 발음을 부드럽게 하기 위해 이를 생략하고 약간 끊듯이 발음하기 때문이지요. 그럼 이런 예를 본문 16쪽과 46쪽에서 찾아볼까요?

"For me, Christmas is a time for (  ①  ) and charity."

① **kindness** [카인ㄷ니ㅅ]가 아니라 [카인니ㅅ]로 들렸나요?
중간 자음? d-를 생략하고 부드럽게 발음해 주세요.

"You have changed, Ebenezer," she said,
(  ②  ).

② **softly** [소ㅍ틀리]라고 또박또박 발음하기보다는 [소플리]에
가깝게 발음했어요.

## 02 비슷한 자음까지 생략!

같은 자음은 물론, 비슷한 자음도 한 번만 발음해 주세요~

동일한 자음이 중복되면 그 발음은 한 번만 해야 한다는 사실, 알고 계시죠? 그런데 비슷한 자음이 연속해서 나올 경우에도 앞의 자음은 발음하지 않고 뒤의 자음으로 한 번만 발음한답니다. 그럼 이렇게 중복되는 자음의 발음을 본문 20쪽과 24쪽에서 확인해 봐요.

Scrooge ( ① ) Bob Cratchit, "I suppose you'll want tomorrow off work?"

① **called to** [콜ㄷ 투]가 아니라 앞의 자음 -d-는 생략하고 뒤의 자음 -t-만으로 [콜투]로 발음해 보세요.

All of a sudden, something flew through the ( ② ).

② **closed door** [클로ㅈㄷ 도r]가 아니라 [클로ㅈ 도r]로 자음 -d-를 한 번만 발음했어요.

## 03 뒷소리를 변화시키는 s의 힘!

s- 다음에 오는 자음은 된소리로 발음된답니다.

s- 다음에 -t-, -p-, -k- 등이 오면 이들은 각각 된소리 [ㄸ], [ㅃ], [ㄲ]로 발음된답니다. 영어가 [ㅌ], [ㅍ], [ㅋ] 와 같은 거센 소리를 아주 싫어하기 때문이죠. 그럼 s- 뒤 에 놓여 된소리로 발음되는 -t-, -p-, -k-의 발음을 본문 22 쪽과 55쪽에서 확인해 볼까요?

He heated his soup on the ( ① ), and sat down by the fire to eat it.

① **stove** [ㅅ토우ㅂ]가 아니라 찐하게 [ㅅ또우ㅂ]로 발음했네요.

On top of its long, brown curly hair sat a crown of holly that ( ② ) with shiny icicles.

② **sparkled** 자, 힘주어 된소리로 발음해 볼까요? [ㅅ빠클ㄷ]!

# 토막내듯 발음해야 유창하다?

-tain, -ten, -ton으로 끝나는 단어는 -t-를 앞의 모음에 붙여서 발음하세요.

우리가 평소 [커튼]으로 쉽게 발음하는 curtain, 그런데 원어민 발음을 자세히 들어보면 [컽-은]으로 발음된다는 것을 알게 되실 거예요. 이처럼 -tain, -ten, -ton 등으로 끝나는 단어는 -t-를 앞의 모음에 붙인 다음 그 뒤는 숨을 멈추듯 [-은]으로 발음해 주어야 한답니다. 그럼 본문 80쪽과 83쪽에 확인해 볼까요?

"Bed ( ① )," she said, laughing.

① **curtains** 어때요? [커튼ㅈ]로 발음하지 않고 t-를 앞의 모음에 붙여서 [컽-은ㅈ]라고 발음했죠?

A pale light fell straight onto an ( ② ) bed.

② **uncurtained** [ㅌ]는 앞 모음에 붙이고 숨을 멈추듯 [언컽-은ㄷ]라고 발음해 보세요.

1장 | 말리의 유령

**p.14~15** 말리와 스크루지는 오랫동안 동업을 해 온 사이였다. 제이콥 말리는 이제 세상을 떠났고, 그건 틀림없는 사실이었다! 스크루지는 말리의 장례식장에 나타난 유일한 친구였지만, 그의 죽음을 전혀 애통해하지 않았다. 그는 말리의 아파트와 재산 대부분을 상속했다. 그리고 장례식이 끝나자 즉각 자신의 업무로 돌아갔다.

에버니저 스크루지는 인색한 데다 냉혹한 사람이었다. 그는 코가 뾰족하고 눈에는 핏발이 서 있었고 입술은 얇고 파르스름했다. 목소리는 드세고 거칠었다. 그의 차가운 마음을 녹일 수 있는 건 아무것도 없었고, 아무도 그에게 도움을 요청하지도 않았다. 하지만 스크루지는 개의치 않았다! 누구의 방해도 받지 않고 돈을 벌 수 있었기 때문이었다. 하지만 그는 그 돈을 한 푼이라도 쓰는 법이 없었다!

7년 뒤 크리스마스 이브 날, 스크루지는 사무실에서 분주하게 일하고 있었다. 뼛속까지 추운 날이었고 오후 3시가 되자 밖은 이미 어둑어둑하고, 안개가 자욱하게 깔렸다. 스크루지의 사무실 옆 싸늘한 골방에서는 그의 서기가 일을 하고 있었다. 밥 크래칫은 아주 조그만 난롯불만 피우도록 허락되었다. 그래서 서기는 몸의 온기를 유지하기 위해 자신이 갖고 있는 옷가지를 전부 껴입고 있었다. 이따금씩 그는 하나뿐인 촛불 위로 손을 뻗어 언 손가락을 녹이곤 했다. 하지만 불쌍한 밥은 추위로 계속 몸을 떨었다.

**p.16~17** 스크루지의 조카 프레드가 사무실로 급히 들어왔다. 얼굴은 빨갛게 달아올라 있었고 눈은 들뜬 기분으로 반짝이고 있었다.

"외삼촌, 메리 크리스마스!" 프레드가 소리쳤다.

"흥, 크리스마스는 다 쓸데없는 짓이야!" 스크루지가 말했다.

"외삼촌, 진심이 아니시겠죠."

"진심이다. 진심으로 메리 크리스마스라고! 너는 유쾌하게 즐기기엔 너무 가난하잖니! 너는 크리스마스가 쓸데없는 것에 돈을 흥청망청 써대는 때라고 생각하는구나!" 스크루지가 말했다.

"전 언제나 크리스마스가 인정과 자비를 베푸는 때라고 생각해 왔어요. 저는 돈이 별로 없어요. 하지만 저는 적게나마 제가 가진 것을 저보다 어려운 사람들과 나누는 것만으로도 기분이 좋아져요. 외삼촌, 내일 저희 집에 오셔서 성탄절 정찬을 함께 하세요." 프레드가 말했다.

"아니다! 넌 크리스마스를 즐겨야겠으면 즐기거라. 하지만 나는 그냥 내버려 다오!"

"메리 크리스마스, 외삼촌! 그리고 밥 크래칫, 당신도요!" 프레드가 외쳤다.

그러고 나서 그는 사무실을 나가 서둘러 집으로 향했다.

p.18~19 바로 그때, 신사 두 명이 스크루지를 만나러 들어왔다. 그들은 모자를 벗고 스크루지에게 정중히 인사를 했다.

"여기가 스크루지와 말리 씨 사무실인 걸로 알고 있는데요" 그 중 한 신사가 말했다.

스크루지는 고개를 끄덕였다.

"스크루지 씨인가요, 아니면 말리 씨인가요?"

"말리는 죽은 지 오늘로 딱 7년 되었소." 스크루지가 투덜거리며 말했다.

"오, 삼가 조의를 표합니다, 스크루지 씨." 신사는 말을 이었다. "저희는 가난한 이웃들에게 먹을 것과 연료를 제공하려고 성금을 모으고 있습니다. 크리스마스지 않습니까. 그리고 이런 때에 어려운 이웃들은 더 큰 고통을 겪지요."

스크루지는 얼굴을 찡그리며 고개를 내저었다.

"그들에게는 감옥이나 구빈원이 있잖소?" 스크루지가 물었다.

"그런 곳들은 그 누구에게도 살아가는 데 충분한 도움을 주지 못합니다. 그러니 스크루지 씨, 얼마쯤 기부를 해 주실 수 있습니까?"

"한 푼도 못 내겠소! 나는 크리스마스를 축하하지 않소! 형편이 어려운 사람들은 구빈원을 찾아가면 될 것이오!" 스크루지가 말했다.

"그곳에 가느니 차라리 죽음을 택하겠다는 사람들도 많습니다." 신사가 말했다.

"그러면 죽음을 택하라고 하시오! 그러면 남은 사람들의 몫이 늘어날 테니까! 안녕히 가시오, 신사 양반들!" 스크루지가 말했다.

두 신사는 고개를 내저으며 떠났다. 스크루지에게 기부금을 받을 수 없다는 것을 깨달았기 때문이다.

p.20~21 그동안 밤은 더욱 어두워졌고 안개는 더욱 짙어졌으며 추위도 잔뜩 기승을 부렸다. 하지만 상점의 창문들에는 불이 환하게 켜져 있었고 호랑가시나무 가지와

열매들로 장식되어 있었다. 거리에는 몇몇 남자와 소년들이 숯 화덕에 둘러 앉아 손을 녹이고 있었다. 한 소년이 스크루지 사무실 밖에서 크리스마스 캐럴을 부르기 시작했다. 하지만 스크루지는 그 소년을 쫓아버렸다.

폐점 시간이 되었다. 스크루지는 밥 크래칫을 불렀다. "자네 내일은 쉬고 싶겠지?"

"네, 그렇습니다, 사장님. 크리스마스는 일 년에 딱 한 번뿐이니까요." 밥이 차분하게 대답했다.

"좋아. 하지만 그 다음날은 아침 일찍 출근하도록 하게." 스크루지가 말했다.

밥이 나가고 나자, 스크루지는 사무실 문을 잠그고 장부를 정리하러 집으로 서둘러 갔다.

스크루지의 우중충한 아파트의 현관 문에는 커다란 놋쇠 문고리가 달려 있었다. 스크루지가 열쇠 구멍에 열쇠를 넣는 순간, 놀라서 펄쩍 뛰고 말았다.

(p.22~23) 스크루지는 문고리에서 말리의 얼굴을 본 것이다. 귀신 같은 안경을 이마 위로 치켜 올린 모습이었다. 눈은 크게 뜬 채 움직임이 없었고, 머리카락들은 쭈뼛 서 있었다. 스크루지는 후다닥 안으로 뛰어들어갔다. 그는 촛불을 켜고 다시 뒤를 돌아 문고리를 쳐다보았다. 하지만 말리의 얼굴은 사라지고 없었다. 그는 쾅 하고 문을 닫았다.

에버니저 스크루지는 웬만한 일에 놀라는 사람이 아니었다. 그는 문을 잠근 다음 위층으로 갔다. 집 안에 혼자만 있다는 것을 확인한 후, 그는 침실 문에 이중으로 자물쇠를 채웠다. 그는 잠옷 위의 가운을 걸치고, 슬리퍼를 신고 나이트캡을 썼다. 화덕에 수프를 데운 후 불가에 앉아 수프를 먹었다.

스크루지는 수프를 다 먹은 후, 의자에 푹 기대어 앉았다. 바로 그때, 하인들을 부를 때 쓰는 오래된 종이 흔들리기 시작하는 것을 보았다. 차츰 종소리는 점점 크게 울려 퍼지기 시작해, 그 소리에 귀가 먹먹해졌다. 스크루지는 두려움과 공포에 휩싸였다. 그러다가 종이 갑자기 멈췄다.

저 아래층으로부터 무거운 쇠사슬이 포도주 저장실 바닥을 가로질러, 계단을 올라오는 오는 소리가 들렸다. 곧장 그의 방문 쪽으로 다가오고 있었다.

"흥 쓸데없이!" 스크루지가 말했다.

(p.24~25) 갑자기 무언가가 닫혀진 문을 통과해 휙 들어왔다. 스크루지는 얼굴이 하얗게 변했고 공포에 질려 거의 쓰러질 지경이었다.

그는 자신의 눈을 믿을 수가 없었다. 그건 바로 말리 영감이었다! 돈궤와 자물통, 묵직한 강철 지갑이 그의 몸을 휘감고 있는 쇠사슬에 매달려 있었다. 스크루지는 겁에 질렸다.

"너는 누구고 대체 뭘 바라는 거냐?" 스크루지가 소리쳤다.

"나는 자네 동업자였던 제이콥 말리네." 유령이 말했다.

"못 믿겠어! 날 겁주지 마!" 스크루지가 소리쳤다.

"내 말이 진짜라는 걸 어떻게 증명하면 되겠나?"

스크루지는 유령을 가만히 바라보더니, 신경질적으로 웃기 시작했다. 유령의 두 눈은 멍하니 스크루지를 마주 보았으나 움직임은 없었고, 유령은 꼼짝도 않고 가만히 앉아 있었다. 하지만 유령의 머리카락과 옷자락은 끓는 물주전자에서 피어 오르는 수증기처럼 일렁였다.

"분명히 말하는데, 이건 쓸데없는 짓이야! 쓸데없는 짓이라고!" 스크루지는 말했다.

p.26~27 말리의 유령은 고함을 지르며 쇠사슬을 흔들어댔다. 유령은 머리에 두르고 있던 붕대를 풀었고 그러자 유령의 아래턱이 툭 하고 빠지더니 가슴까지 떨어졌다! 스크루지는 공포에 질려 비명을 질렀다.

그는 털썩 무릎을 꿇으며 소리쳤다. "자비를 베풀어 주게, 말리!"

"자, 스크루지, 이제 나를 믿는가?" 유령이 말했다.

"믿네, 믿어! 하지만 왜 날 찾아왔나? 쇠사슬은 왜 몸에 감고 있나?" 스크루지가 물었다.

"생전에 나는 이기적이었지. 보이지 않는 쇠사슬을 몸에 감고 세상을 외면했네. 자네 역시 쇠사슬을 몸에 두르고 있다네." 유령이 말했다.

스크루지는 주위를 둘러보았지만 유령이 감고 있는 쇠사슬 외에 다른 쇠사슬은 보이지 않았다.

"말리, 내 오랜 친구여, 어떻게 해야 할지 말해 주게!" 스크루지가 말했다.

"그럴 수 없네. 하지만 자네 스스로 선량한 사람이 되려는 마음을 가져야 하네."

그러더니 유령은 고함을 지르며 또다시 쇠사슬을 요란하게 흔들어댔다.

"나는 선량한 사람이 될 수 있었던 그 기회들을 되돌릴 수 없다네! 난 정말 어리석고 이기적인 바보였어!"

"하지만, 제이콥, 자네는 늘 훌륭한 사업가였네."

스크루지가 말했다.

"사업이라고! 난 생전에 가난한 이웃에게 제대로 베풀지 못했어. 이젠 너무 늦었지!" 유령이 외쳤다.

말리의 유령은 쇠사슬을 바닥에 내팽개쳤다.

"일 년 중 크리스마스 때가 되면 나는 가장 고통스럽다네. 걸인들과 굶주린 아이들을 보면서도, 난 아무것도 할 수가 없어!"

스크루지는 점점 더 심하게 떨기 시작했다.

"제이콥, 내게 너무 가혹하게 굴지 말게!" 스크루지가 소리쳤다.

"나는 자네에게 나와 같은 운명을 피해갈 수 있다고 경고해 주기 위해 이렇게 찾아온 걸세." 유령이 말했다.

"자네는 늘 좋은 친구였지, 고맙네!" 스크루지가 말했다.

p.28~29 "잘 듣게, 에버니저. 유령 셋이 자네를 찾아올 걸세. 내일 밤 괘종시계가 한 시를 알릴 때 첫 번째 유령이 찾아올 거네." 유령이 말했다.

"제이콥, 그들이 한꺼번에 올 수는 없는가?" 스크루지가 물었다.

"그럴 순 없네! 두 번째 유령은 그다음 날 같은 시각에 찾아올 거네. 셋째 날 밤에는 세 번째 유령이 자정을 알리는 시계 소리가 다 울리자마자 찾아올 거야. 내가 한 말을 기억하게나! 다시는 날 보는 일이 없을 걸세!" 유령이 말했다.

그리고 유령은 가슴에 있던 턱을 치켜 올려 머리에 다시 묶었다. 유령은 스크루지를 창문 쪽으로 이끌었다. 바깥에는 시끄럽게 울부짖는 소리가 들려왔다. 말리의 유령도 구슬픈 노래를 따라 부르다가 차디찬 어두운 밤하늘로 사라졌다.

스크루지는 창문 밖을 내다보았다. 몸에 쇠사슬을 감은 온갖 귀신과 유령들이 허공을 떠돌고 있었다.

그들은 신음하고 괴로워하며 울고 있었다. 스크루지는 너무나 낯익은 얼굴들이 많아서 놀랐다. 천천히 그 모든 유령들이 어둠 속으로 사라졌다.

스크루지는 문가로 다가가 살펴보았다. 여전히 이중으로 잠겨 있었다. 스크루지는 "엉터리야!"라고 말하려고 했지만 그럴 수가 없었다. 갑자기 피로감이 몰려왔다. 그래서 그는 침대에 가자마자 곯아떨어졌다.

**p.32~33** 스크루지가 잠에서 깼을 때는 여전히 깜깜했다. 교회 시계의 종소리가 열두 번을 울리는 소리가 들렸다.

'하지만 내가 잠자리에 든 것은 새벽 두 시가 넘어서였어. 시계가 잘못된 게 틀림없어!'

스크루지는 성에가 가득 덮여 있는 창문으로 다가갔다. 성에를 조금 닦아내고 창밖을 내다보았다. 밖은 여전히 어둡고 안개가 자욱했으며 거리는 텅 비어 있었다.

스크루지는 침대로 돌아가 조금 전에 일어났던 일에 대해 곰곰이 생각해 보았다. 하지만 도무지 이해할 수가 없었다. 그리고 생각을 하면 할수록 더 혼란스러워졌다. 말리의 유령 모습이 계속 그를 몹시 괴롭혔다.

'그저 악몽이었단 말인가?'

하지만 아무리 유령을 머리에서 지워버리려고 해도, 그럴 수가 없었다.

바로 그때 1시 15분 전을 알리는 종소리가 들려왔다.

"오, 말리의 유령이 1시에 유령이 찾아올 테니 기다리고 있으라고 했어! 깨어 있어야 해!"

어쨌든 잠이 오지는 않았다! 마침내 1시를 알리는 종소리가 울렸다.

"1시다. 그런데 아무 일도 일어나지 않았어!" 스크루지는 기분 좋게 말했다.

**p.34~35** 그때 갑자기 방 안에 불빛이 번쩍하고 들어왔다. 침대 주위에 늘어져 있는 커튼이 젖혀졌다. 스크루지가 일어나 앉자 첫 번째 유령과 정면으로 마주하게 되었다. 유령의 긴 머리카락은 나이가 들어 하얗게 센 것 같은데, 얼굴은 주름살 하나 없이 매끈했다. 팔과 손은 기다랗고 근육이 발달해 있었지만 다리와 발은 작고 섬세했다. 여름 꽃들로 장식된 순백의 옷을 입고 있었다. 허리에는 번쩍이는 멋진 벨트를 두르고 있었다. 그리고 손에는 금방 꺾은 초록색 호랑가시나무 가지를 들고 있었다. 하지만 무엇보다 제일 이상한 것은 유령의 머리에서 나오는 밝은 광채였다.

스크루지가 유령을 찬찬히 살펴보는 동안 유령은 색깔과 형체가 변했다.

"저를 찾아오신다는 유령이 당신이십니까?" 스크루지가 물었다.

"그렇다." 유령이 부드러운 목소리로 대답했다.

"당신은 누구이고 정체가 뭡니까?" 스크루지가 물었다.

"나는 과거의 크리스마스 유령이다. 에버니저 스크루지, 바로 너의 과거 말이다." 유령이 말했다.

"무슨 일로 여기 오셨나요?"

"자네의 행복을 위해서." 유령이 말했다.

스크루지는 속으로 '차라리 하룻밤 푹 자는 편이 나에게 훨씬 나았을 텐데.'라고 생각했다.

"일어나서 나와 함께 가세." 유령이 말했다.

그러더니 스크루지를 창문 쪽으로 잡아끌었다.

"하지만 떨어질 텐데요." 스크루지가 불안한 듯 말했다.

"내 손이 닿았으니 안전할 걸세." 유령이 말했다.

p.36~37  유령과 스크루지는 창문을 통과하여 어둡고 안개 낀 런던 시내 위를 날아올라 갔다. 곧 태양이 떠오르고 스크루지는 눈으로 덮인 시골을 볼 수 있었다.

"세상에! 여긴 내가 태어난 곳이에요. 어렸을 때 전 여기에서 자랐어요!" 스크루지가 소리쳤다.

온갖 친숙한 향기들이 공기 중에 떠돌았다. 오래도록 잊고 있었던 생각과 희망, 기쁨이 떠오르며 그의 눈에 눈물이 맺혔다.

그들은 그 길을 따라 걸어갔다. 스크루지는 대문이며 기둥이며 나무, 길을 가다가 본 사람들을 죄다 알아볼 수 있었다. 모든 소년들이 서로에게 깔깔거리고 소리쳤으며, 주변에는 음악과 노래 소리가 대기를 가득 채우고 있었다.

"그들은 우리를 볼 수 없네. 이곳의 삶이 한때는 이런 모습이었지." 유령이 말했다.

스크루지는 그 사내아이들의 이름을 전부 알고 있었다. 하지만 그들을 보고 이렇게 행복감이 느껴지는 것은 무슨 까닭일까? 그들이 서로에게 '메리 크리스마스' 하고 외치는 걸 들었을 때 왜 눈이 젖었을까? 이제껏 크리스마스가 그에게 무슨 이득이 되었단 말인가?

p.38~39  곧 유령과 스크루지는 오래된 교사 앞에 이르렀다.

"명절이라 학생들이 다들 집으로 돌아갔는데 저기 가엾은 소년 하나만 혼자 남아 있군." 유령이 말했다.

"기억나요." 스크루지는 이렇게 말하고 흐느끼기 시작했다.

학교는 오랜 세월이 흐르면서 황폐해져 있었다. 바깥은 풀과 잡초로 무성하게 덮여 있었다. 교사의 내부의 현관 홀은 을씨년스럽고 얼어붙을 듯한 냉기만이 감돌았다. 유령과 스크루지는 홀의 끝에 있는 방 안으로 들어갔다.

조그만 사내아이 하나가 낡은 책상들 중 한 곳에 앉아 책을 읽고 있었다. 그는 나지막이 피워진 불을 쬐며 몸을 녹이려 애쓰고 있었다. 스크루지는 바로 어릴 적 외로운 소년이었던 자신을 보고 있다는 것을 알았다. 잊고 살아왔던 과거가 생각나서 눈물이 흘러내리기 시작했다. 그리고 크게 한숨을 내쉬었다.

"왜 그러나?" 유령이 말했다.

"아무것도 아닙니다. 아니에요. 어젯밤 제 사무실 밖에서 크리스마스 캐럴을 불러 준 소년이 있었어요. 얼마라도 좀 주었더라면 좋았을 텐데 그랬어요. 그뿐입니다." 스크루지가 말했다.

유령은 의미심장한 미소를 지으며 말했다. "또 다른 크리스마스를 보기로 하세."

**p.40~41**  유령과 스크루지는 어린 스크루지가 점점 자라는 것을 지켜 보았다. 방은 이전보다 더 어둡고 지저분했다. 창문들은 금이 가 있고 천정에서 석회 조각들이 떨어져 있었다.

스크루지는 크리스마스에 또 혼자 남아 있는 자신의 모습을 보았다. 그는 처량하게 고개를 저으며, 근심스러운 표정으로 문 쪽을 바라보았다. 문이 열리더니 소년보다 훨씬 어린 소녀가 한걸음에 뛰어들어왔다. 소녀는 그의 목을 끌어안았다.

"오빠, 오빠를 집에 데려가려고 왔어." 소녀는 들떠서 말했다.

"리틀 팬, 집에 가자고?" 어린 스크루지가 말했다.

"응. 집으로 아주 가자. 아빠는 전보다 훨씬 자상해지셨어. 오빠는 여기 다시 안 와도 돼. 이제 우리는 함께 크리스마스를 즐겁게 보낼 수 있게 된 거야." 소녀는 말했다.

소녀는 손뼉을 치고는 그를 껴안았다. 그리고 그들은 마차가 있는 밖으로 서둘러 나가 집으로 향했다.

"저 아이는 늘 허약했지만 마음은 아주 넓고 따뜻했지." 유령이 말했다.

"네, 맞습니다. 아무도 그렇지 않다고 말할 순 없을 겁니다!"
스크루지가 외쳤다.

"결혼을 했고 일찍 세상을 떠났지. 아이가 있는 걸로 아는데?" 유령이 말했다.

"하나 있습니다." 스크루지가 말했다.

"아, 그렇지, 자네 조카로군." 유령이 말했다.

스크루지는 마음이 편치 않은 듯 짤막하게 "네."라고 대답했다.

**p.42~43** 유령과 스크루지는 학교를 뒤로 하고 번화한 시내로 들어섰다. 거리는 불이 환하게 밝혀져 있었고 상점의 진열창마다 크리스마스 장식이 되어 있었다. 유령은 어떤 커다란 도매상점 문 앞에 멈춰 섰다.

"이 건물을 아는가?" 유령이 물었다.

"제가 견습 사원으로 일하던 곳이에요." 스크루지가 말했다

그들은 안으로 들어갔다. 한 노신사가 커다란 책상에 앉아 무언가를 적고 있었다.

"이런, 페지위그 영감이에요." 스크루지는 기분좋게 말했다. "그에게 축복을 내리소서."

페지위그 영감은 시계를 올려다 보았다. 7시였다. 그는 펜을 내려놓고 양손을 비볐다. 그러더니 웃음을 터뜨리기 시작했다.

"에버니저! 딕! 이리 오게." 그는 유쾌하게 외쳤다.

젊은 스크루지가 또 한 명의 청년과 함께 나타났다.

"저 젊은이가 딕 윌킨스입니다. 우린 둘도 없는 친구 사이였죠." 스크루지가 유령에게 속삭였다.

"크리스마스 이브일세. 일거리를 치워놓고 파티를 열 공간을 마련하게나." 페지위그 영감이 말했다.

두 청년이 재빠르게 바닥을 쓸고 난로에는 땔감을 수북이 쌓아 놓았다. 바이올린 연주자가 나타났고, 뒤이어 페지위그 부인과 세 딸이 들어왔다. 곧 전 직원과 인근 상점 주인들과 친구들과 이웃들이 왔다.

**p.44~45** 모두들 즐겁게 노래 부르고 춤추고 먹고 마셨다. 11시가 되자 파티가 끝났다. 페지위그 부부는 문간에 서서 손님들에게 일일이 '메리 크리스마스' 라고 인사했다.

스크루지는 미소를 지었다. 그는 그 시절 행복했던 사람들에 대한 기억으로 가득 찼다.

"페지위그 영감은 저희들의 일을 덜어줄 수 있고 더 힘들게 할 수도 있었습니다. 하지만 그는 항상 행복한 사람이었고, 사람들에게 친절했지요. 자신을 사랑하는 사람들에게 몇 푼 더 쥐어주는 것보다 훨씬 값어치 있는 일이었죠." 스크루지가 말했다.

스크루지는 유령의 눈길을 느끼고 말을 멈추었다.

"왜 그러나?" 유령이 물었다.

"별 거 아니에요. 오늘 아침에 서기 밥 크래칫에게 잘해줄걸 그랬어요. 그뿐입니다." 스크루지가 말했다.

"서두르세, 내 시간이 얼마 안 남았네. 이걸 보게나." 유령이 말했다.

**p.46~47**   이제 스크루지는 이전보다 나이가 더 들었지만 여전히 젊은 자신의 모습을 보았다. 얼굴은 피곤하고 비열해 보였다. 그의 곁에는 어여쁜 아가씨 한 명이 앉아 울고 있었다.

"당신은 변했어요, 에버니저. 당신은 이제 주위 사람들에게 정을 베푸는 대신 돈 버는 일에만 관심을 쏟고 있어요." 그녀가 조용히 말했다.

"하지만 벨, 당신에 대한 내 감정은 변하지 않았어." 그가 말했다.

"우리가 약혼했을 때 우리 둘은 가난했지만 행복했어요." 벨이 말했다.

"그때 난 철없는 소년에 불과했어." 그가 말했다.

"에버니저, 이제 당신의 관심은 '베풀 수 있는 것'이 아니라 온통 '얻을 수 있는 것' 뿐이에요. 당신에게 선택의 기회가 주어진다면, 당신은 또 다시 나처럼 가난한 여자를 선택하지는 않을 거라고 생각해요! 그래서 당신을 그 약속으로부터 놓아드리겠어요. 자, 가세요, 그리고 당신이 선택한 삶을 살아 가세요."

"유령님, 충분히 보았습니다. 전 그만 집으로 돌아가고 싶습니다." 스크루지가 말했다.

"자네에게 보여줄 장면이 하나 더 남아 있네." 유령이 말했다.

"더 이상은 싫어요! 보고 싶지 않아요."

하지만 유령은 그의 팔을 꽉 붙잡고 그 다음에 일어나는 일을 억지로 보게 했다.

**p.48~49**   이제 유령과 스크루지는 작지만 아늑한 방 안에 와 있었다. 스크루지는 난롯가에 앉아 있는 나이 든 벨을 보고 깜짝 놀랐다. 그녀의 건너편에는 어여쁜 딸이 앉아 있었다. 주위에는 아이들이 더 있었는데, 놀이를 하며 행복에 겨워 소리를 지르는 통에 집 안이 떠들썩했다.

그때 문이 열리고 벨의 남편이 들어왔다. 남편은 크리스마스 선물을 한아름 안고 있었다. 아이들은 사방에서 선물을 하나씩 풀면서 기쁨의 탄성을 질렀다. 이윽고 남편은 벨 근처에 앉았다.

남편이 말했다. "오늘 오후에 당신의 옛 친구를 봤소. 누군지 짐작하겠소?"

"혹시 스크루지 씨 아녜요?" 그녀가 웃으며 말했다.

"그렇다오! 동업자인 제이콥 말리 씨가 얼마 못 살 거라는 얘기를 들었는데, 정말 사무실에 혼자 있더군. 정말로 세상에 혼자인 것처럼 말이야!" 남편이 말했다

"유령님." 스크루지가 띄엄띄엄 말했다. "저를 여기서 데리고 가주세요."

"이건 모두 자네의 과거사라네! 내가 그것을 바꿀 수는 없네!" 유령이 말했다.

"제발 절 내버려 두거나, 아니면 집으로 데려다 주세요." 스크루지는 소리쳤다.

유령은 서서히 사라졌고, 스크루지는 갑자기 피곤이 몰려왔다. 그는 어느새 자신의 침대로 돌아와 있음을 알았고, 깊은 잠에 빠져들었다.

## 3장 | 두 번째 유령

**p.52~53** 1시가 되기 전에 스크루지는 잠에서 깨어났다. 그는 침대에 쳐진 커튼을 열어젖혔다. 이제 방 안 구석구석이 한눈에 들어왔다.

'두 번째 유령이 곧 나타날 거야. 하지만 이번에는 준비를 하고 있어야지!'

스크루지는 태세를 다 갖추었지만, 유령은 1시에 나타나지 않았다. 그는 기다리고 또 기다렸지만, 아무 일도 일어나지 않았다. 그는 걱정이 되기 시작했고 몸이 부들부들 떨리기 시작했다. 약 15분이 지나자, 밝은 붉고 빛이 그를 감쌌다.

"도대체 이 빛이 어디에서 오는 거지?" 그는 불안한 듯 말했다.

그 빛은 문 쪽에서 나오고 있는 것 같았다. 그는 침대에서 기어 나와 문을 향해 까치발로 살금살금 다가갔다.

"에버니저 스크루지, 들어오게." 그가 문 손잡이를 막 돌리려는 순간, 낯선 목소리가 그를 불렀다. 그는 놀라서 펄쩍 뛰었지만, 지시를 그대로 따를 수밖에 없었다.

**p.54~55** 그곳은 자신의 방이었는데, 완전히 변해 있었다. 지금은 벽과 천정에는 온통 호랑가시나무 가지와 담쟁이덩굴과 겨우살이의 가지들이 늘어져 있었다. 강한 불꽃이 힘찬 소리를 내며 굴뚝 위로 치솟고 있었다.

방 한복판에는 매우 기이한 왕좌가 놓여 있었다. 그 왕좌는 칠면조, 굴, 소시지, 플럼 푸딩, 신선한 과일 등으로 이루어져 있었다. 왕좌 옆에는 김이 무럭무럭 나는 달콤하고 향긋한 펀치 그릇들이 놓여 있었다. 이 왕좌 위에는 기분 좋아 보이는 뚱뚱한 유령이 앉아 있었다.

그는 타오르는 횃불로 스크루지를 가리키고 있었다.

"들어오게, 그리고 나랑 이야기를 좀 하세." 유령이 말했다.

스크루지는 까치발로 걸어 들어가 그 기분 좋은 유령 앞에 조용히 섰다. 그는 유령이 자상하고 부드러운 눈길로 자신을 주시하고 있음을 느꼈다.

"나는 현재의 크리스마스 유령이네. 에버니저 스크루지, 가까이 와서 날 보게." 유령이 말했다.

스크루지는 마지못해 유령이 시키는 대로 유령을 바라보았다. 유령은 발은 맨발이었지만, 흰 모피로 장식된 단순한 헐렁한 초록색 겉옷을 걸치고 있었다. 그리고 갈색의 길다란 곱슬머리 위에는 반짝이는 고드름으로 장식된 호랑가시나무 관을 쓰고 있었다.

**p.56~57** "유령님, 제가 뭘 해야 할지 보여주십시오. 어젯밤에 제가 힘들게 얻은 교훈을 잊지 않을 겁니다. 그러니 부디 친절과 선행에 대한 가르침을 주시기 바랍니다." 스크루지가 말했다.

"내 옷을 잡게." 유령이 말했다.

스크루지가 유령이 시키는 대로 하자, 그의 방은 사라지고 스크루지는 유령과 함께 크리스마스 날 아침에 거리에 서 있었다. 하늘은 잔뜩 흐려 있고, 잿빛 눈발이 흩날리고 있었다. 매서운 추위에도 불구하고 남자들은 보도를 깨끗이 쓸고 지붕에 쌓인 눈을 쓸어 내리느라 분주했다.

아이들은 즐겁게 눈사람을 만들고 눈싸움을 하고 있었다. 음악과 즐거운 담소와 달콤한 향기가 어둡고 우중충한 집에서 흘러나오고 있었다. 여자들은 칠면조와 맛있는 케익을 사기 위해 참을성 있게 기다리며 잡담을 나눴다. 모두가 행복하고 거리는 훈훈한 인정으로 충만해 있었다.

**p.58~59** 유령은 스크루지를 그의 서기인 밥 크래칫의 집으로 데리고 갔다.

크래칫의 아내와 딸 벨린다와 마사가 만찬 식탁을 차리고 있었다. 피터 크래칫은 감자가 요리되는 것을 지켜보고 있었다. 그 밑의 두 어린 남매는 신이 나서 식탁 주위에서 소리를 지르고 춤을 추었다.

"아빠 오신다." 가장 어린 두 동생들이 소리쳤다.

밥 크래칫은 다리를 저는 몸집이 왜소한 아들을 목말을 태우고 집으로 들어섰다. 꼬맹이 팀은 목발이 없으면 걸을 수가 없으므로 보통은 아버지가 목말을 태우고 다녔다.

"크리스마스는 일 년 중 가족이 한자리에 모이는 날이지." 밥이 말했다.

그는 웃으며 꼬맹이 팀을 식탁 자기 바로 옆에 앉혔다.

마사와 벨린다는 그레이비와 애플 소스, 으깬 감자를 가지고 들어왔다. 피터는 크래 칫 부인이 자를 수 있도록 거위 요리를 가지고 들어왔다.

**p.60~61** 식사가 끝나자 밥은 "음, 사랑하는 크래칫 부인, 지금까지 이렇게 맛있는 거위를 먹어본 적이 없소!"라고 말했다.

그러자 아이들이 모두 그렇다고 했다.

이윽고 크래칫 부인이 푸딩 위에 뜨거운 브랜디를 끼얹고 브랜디에 불을 붙였다.

"아, 정말 근사한 푸딩이야. 지금까지 크래칫 부인이 만든 최고의 푸딩이라고 단언 하겠소!" 밥이 말했다.

마침내 만찬이 모두 끝나자, 가족들은 불가에 모였다. 그들은 불 위에 밤을 올려놓 고 구웠고 따뜻한 와인을 마셨다.

"우리 가족에게 하나님의 은총이 가득하고, 우리 가족 모두 메리 크리스마스." 밥은 쾌활하게 말했다.

꼬맹이 팀은 아버지 곁에 놓인 자신의 조그만 의자에 앉았다.

"그리고 우리 가족 한 사람 한 사람에게 하느님의 은총이 가득하길!" 꼬맹이 팀도 말했다.

바로 그때, 스크루지는 자기 이름이 언급되는 것을 들었다.

"건배." 밥이 잔을 들며 말했다. "이런 만찬을 허락해 주신 스크루지 사장님을 위하여."

"정말 만찬을 허락해 주신 분이죠!" 크래칫 부인이 화를 내며 말했다. "그분이 이 자리에 있으면 좋겠군요. 언젠가는 제가 그분의 인색한 처사에 대해 직접 말씀드릴 거 예요!"

"자자, 여보. 오늘은 크리스마스잖아." 밥이 말했다.

"크리스마스에나 당신이 스크루지 씨 같은 가증스럽고 무정한 양반을 위해 건배를 할 수 있겠죠! 그건 누구보다 당신이 더 잘 알겠죠. 내가 그분을 위해 건배를 하는 이 유는 그분을 위해서가 아니라 당신을 위해서라고요!" 크래칫 부인이 말했다.

"여보, 크리스마스는 인정을 나누는 때잖아." 밥이 말했다.

**p.62~63** 갑자기 스크루지가 말했다. "유령님, 꼬맹이 팀이 살 수 있는지 말씀해 주 세요."

"만약 상황이 변하지 않는 한 저 아이는 죽는다네." 유령이 말했다.

"오, 안 됩니다, 자비로운 유령님! 제발 저 아이가 살 수 있다고 말씀해 주세요!" 스 크루지가 말했다.

"죽게 내버려 두게, 그러면 남은 사람의 몫이 늘어날 테니까!"

스크루지는 자신이 했던 말이 되풀이 되는 것을 듣자 부끄러워졌다.

갑자기 꼬맹이 팀이 구슬프고 가냘픈 목소리로 노래를 불렀다. 곧 모든 식구들이 따라 부르기 시작했다. 스크루지는 그 가족들에게서 눈을 뗄 수가 없었다.

유령은 스크루지를 밖으로 이끌었다. 밖에는 눈이 펑펑 쏟아지고 있었고 날이 거의 저물어 있었다.

스크루지와 유령은 들을 지나 바다를 건너 날아갔다. 스크루지는 집집마다, 등대에서도, 배 위에도, 남자와 여자, 아이들 사이에 건네지는 따뜻한 말들을 듣고서 깜짝 놀랐다.

"어디서나 이렇게 왁자지껄하게 웃는 소리가 들리다니 정말 놀라워." 스크루지가 말했다.

p.64~65 스크루지는 갑자기 자신이 환하고 아늑한 조카의 집에 있는 것을 알았다. 프레드와 그의 아내, 친구들이 누군가의 농담에 폭소를 터뜨리고 있었다.

"우리 외삼촌은 크리스마스가 쓸데없는 짓이라는 거야." 프레드가 말했다.

"창피한 일이지 뭐예요!" 프레드의 아내가 말했다.

"외삼촌은 참 이상하신 노인이셔. 하지만 모든 게 당신이 자초하신 것이지 뭐."

"프레드, 그분은 아주 부자인 걸로 아는데요?" 아내가 말했다.

"여보, 그러면 뭐 하겠어? 성미가 고약해서 그 재산으로 좋은 일은 하나도 안 하시고. 우리 집에 오셔서 식사를 안 하시겠대. 외삼촌은 아마 돌아가시기 전까지 크리스마스 때마다 불평하고 푸념을 늘어놓으실지도 몰라. 하지만 나는 그런 외삼촌이 가엾어."

차를 마신 후, 스크루지의 조카며느리가 하프 앞에 앉아 흥겨운 곡을 연주했다. 스크루지는 그 곡을 잘 알고 있었다. 오래 전, 그는 그 곡을 휘파람으로 불었고 그 가락에 맞춰 팬이 감미로운 목소리로 노래를 하곤 했다. 그 당시 자신은 지금보다 더 다정했고 사려 깊은 사람이었다. 이제, 그는 자신이 비열하고 이기적인 노인에 불과하다는 것을 깨달았다.

p.66~67 그날 저녁 늦게, 손님들은 모두 게임을 했다. 그들이 즐겁게 시간을 보내는 동안 집 안은 웃고 떠드는 소리로 떠들썩했다. 스크루지는 그들이 자신을 볼 수도 없고 자신이 말하는 소리를 듣지도 못한다는 사실을 까맣게 잊고 게임에 참여했다. 그

는 막 흥이 오르기 시작했다. 그런데 유령은 떠나자고 했다.

"사람들이 이제 막 새로운 게임을 시작하려고 해요. 친절한 유령님, 부디 조금만 더 머물게 해주세요." 스크루지가 말했다.

그것은 '네, 아니오' 라는 게임이었다. 프레드가 어떤 사물이나 사람을 생각해 놓고 있어야 했다. 그러면 다른 사람들이 질문을 해서 그것이 무엇인지 맞히는 게임이었다. 하지만 질문에 대해 조카는 '네' 또는 '아니오' 라는 대답만 할 수 있었다.

"동물입니까?"

"네."

"혼자 삽니까?"

"네."

"성질이 고약하고 길을 걸을 때마다 투덜거립니까?"

"네."

대답을 할 때마다 프레드는 배꼽이 빠지도록 웃어댔다.

마침내 프레드의 아내가 벌떡 일어나서 소리쳤다. "알겠어요, 알겠어. 당신의 외삼촌 스크루지잖아요!"

"맞았어. 오늘 밤 외삼촌이 이렇게 우리를 웃게 해 주셨어. 그러니 그분을 위해 건배를 해야겠군." 프레드가 말했다.

"스크루지 외삼촌을 위하여." 그들은 다같이 입을 모았다.

"그분도 즐거운 크리스마스를 보내시고 새해 복 많이 받으시길." 프레드가 덧붙였다.

스크루지는 그 자리에 계속 머물고 싶었지만, 유령은 그를 데리고 그곳을 벗어났다.

그들은 멀리, 여러 곳을 여행했다. 얼마 후, 스크루지는 이상한 점을 눈치챘다.

"유령의 삶은 왜 그렇게 짧습니까? 당신이 매분마다 눈에 띄게 늙어가는 것을 볼 수 있어요." 스크루지가 물었다.

"우리에겐 아주 짧은 삶만 허락되어 있지. 나의 삶은 오늘 밤으로 끝나." 유령이 말했다.

"오늘 밤이라고요?" 스크루지는 말했다.

"그래, 오늘 밤 자정이면 끝나네. 서두르세, 시간이 얼마 없네." 유령이 말했다.

11시 45분을 알리는 종소리가 들렸다.

p.68~69 "유령님의 옷자락 밖으로 삐져 나와 보이는 건 조그만 발인가요?" 스크루지가 물었다.

유령의 옷자락 밑으로 불행해 보이는 어린아이 두 명이 나타났다. 그들은 유령의 옷자락을 붙잡고 스크루지를 노려보고 있었다. 아이들은 피부가 누렇게 뜨고 앙상하게 말랐으며 더러웠다.

스크루지는 충격을 받은 상태에서 물었다. "유령님, 이들이 당신의 아이들입니까?"

"모든 인간의 아이들이지. 사내아이의 이름은 '무지'이고, 여자아이의 이름은 '궁핍'이라네. 자네가 자네 자신보다 이웃을 더 위하는 법을 배울 때까지 이 둘을 모두 경계하게!"

"이 아이들에게는 집이나 가족이 없습니까?" 스크루지가 외쳤다.

"감옥이 없느냐고? 구빈원이 없느냐고?" 유령은 스크루지가 했던 말을 고스란히 빌어 대답했다.

그때 자정을 알리는 종소리가 들렸다.

스크루지는 현재의 크리스마스 유령을 찾았지만 이미 사라져 버리고 없었다. 12번째 마지막 종소리가 울릴 때, 스크루지는 제이콥 말리 영감의 예언이 떠올랐다. 고개를 들어 보니, 안개 속으로 세 번째 유령이 보였다.

## 4장 | 마지막 유령

**p.74~75**   유령은 스크루지 쪽으로 천천히, 엄숙하게, 조용히 다가왔다. 유령은 검은 망토로 키 큰 몸을 휘감은 채 손 하나만 밖으로 내밀고 있는 게 보였다.

"당신은 미래의 크리스마스 유령입니까?" 스크루지가 초조하게 물었다.

유령은 대답하지 않고 한 손으로 앞을 가리켰다.

"제게 미래를 보여주실 거죠?"

유령은 가볍게 고개를 끄덕였다. 비록 이때쯤 스크루지는 유령과 함께 있는 것에 아주 익숙해졌지만, 이 말없는 형체는 너무나 무서워 다리가 후들거리기 시작했다.

"미래의 유령님." 스크루지가 소리쳤다. "당신은 제가 지금까지 만나온 유령들 가운데 가장 무섭습니다. 하지만 저는 유령님이 이곳에 오신 목적이 저를 선하고 자비로운 인간으로 거듭나게 하려는 것임을 알고 있습니다. 저는 기꺼이 유령님을 따를 준비가 되어 있으니 부디 제게 말을 해주시겠습니까?"

하지만 유령은 계속해서 앞쪽을 가리킬 뿐이었다.

"좋습니다. 앞장서 주세요, 유령님. 곧 아침이 됩니다." 스크루지가 말했다.

**p.76~77** 스크루지는 유령을 따라 자신의 사무실이 있는 거리까지 갔다. 가다가 걸음을 멈추고는 상인 여럿이 나누는 대화에 귀를 기울였다.

"아니, 난 그가 죽었다는 것밖에 몰라." 뚱뚱한 사내가 말했다.

"언제 죽었다는데?" 얼굴이 불그스름한 사내가 물었다.

"어젯밤이라고 하던걸."

"나는 그 사람이 안 죽을 줄 알았어. 왜 죽었지?" 키 크고 마른 사내가 물었다.

"하느님만이 아시겠지." 뚱뚱한 사내가 하품을 하며 말했다.

"돈은 다 어떻게 했대?" 얼굴이 불그스름한 사내가 물었다.

"몰라. 하지만 나한테 남기지 않은 건 분명해!" 뚱뚱한 사내가 대답했다.

사람들이 한바탕 크게 웃기 시작했다.

"장례식은 틀림없이 싸구려로 치러질 거야." 뚱뚱한 사내가 계속 말했다.

"점심을 준다면 못 갈 것도 없지." 키 큰 사내가 말했다.

"흠, 누군가 가겠다면 나도 갈 거야. 하지만 이제 난 가봐야겠으니 잘들 가게." 뚱뚱한 사내가 말했다.

사내들은 뿔뿔이 흩어져 다른 무리의 사람들과 대화를 나눴다.

'이 사람들은 무슨 얘기를 하고 있지?' 스크루지는 생각했다.

그는 그들을 잘 알았다. 그들은 제이콥 말리의 죽음을 이야기할 리는 없었다. 그건 이미 과거의 일이고, 이 유령은 미래의 유령이다. 스크루지는 몸을 떨었다. 유령의 보이지 않는 눈이 자신을 보고 있다는 느낌이 들었다.

**p.78~79** 그러고 나서, 그들은 스크루지가 한 번도 가본 적이 없었던 도시의 빈민가로 들어섰다. 좁은 골목길들은 더러웠으며 악취가 풍겨 나왔다. 그들은 허물어질 듯한 오래된 가게 앞에 멈춰 서서 창문 안을 들여다 보았다. 그 안에는 녹슨 열쇠, 못, 사슬, 넝마 더미가 바닥에 널려 있었다. 가게 한 가운데에는 조 영감이 석탄 난로 옆에 앉아 있었다. 문은 없고 너덜너덜한 낡은 커튼이 그를 바깥의 추위로부터 막아 주고 있었다.

세탁부와 파출부, 젊은 장의사가 가게 안으로 들어섰다. 두 여인은 무거운 보따리를 안고 있었다. 하지만 남자의 보따리는 훨씬 작았다. 그들은 서로를 알아보더니 웃음을 터뜨렸다.

"제가 먼저 들어갈게요." 파출부가 말했다.

조 영감은 난롯불을 돋우고 램프를 켰다.

"불가에 앉아서 팔러 가져온 것을 보여주게나." 노인이 말했다..

파출부가 보따리를 바닥에 털썩 내려놓고 자리에 앉았다.

"물건 몇 개 없어졌다고 누가 눈치를 채겠어요? 분명히 죽은 사람은 그렇게 못할 테고요!" 파출부가 말했다.

"당신 말이 맞아요!" 세탁부가 말했다.

"생전에 좀 더 너그러웠다면, 그렇게 외로이 죽진 않았겠죠." 파출부가 말했다.

"맞아요! 그 작자는 응분의 대가를 치른 것뿐이에요." 젊은 장의사가 말했다.

"조 영감님, 제 보따리를 먼저 끌러 보세요. 값이 얼마나 나가는지 알려 주세요. 우린 그 구두쇠가 우리에게 빚진 것을 가져온 것일 뿐이니까요!" 파출부가 말했다.

**p.80~81**　하지만 젊은 장의사가 가장 먼저 보따리를 풀었다. 보따리 안에는 도장 몇 개와 단추 몇 개, 싸구려 브로치 한 개가 들어 있었다.

조 영감은 젊은이의 손에 동전 몇 닢을 쥐어 주었다.

"물건 값어치는 그 정도일세. 거기서 한 푼도 더 줄 수 없네. 다음은 누군가?"

세탁부가 침대보와 수건 몇 장, 구식 은제 찻숟가락 두 개, 장화 한 켤레를 보여주었다.

조 영감은 미소를 짓더니 말했다. "난 여자들한테 늘 물건 값을 후하게 쳐주지."

그는 세탁부에게 몇 닢을 건넸다.

"이게 다니 그 이상은 더 요구하지 마시오."

"여기 제 보따리도 풀어 봐 주세요, 조 영감님." 파출부가 말했다.

조 영감은 몇몇 옷가지와, 묵직하고 커다랗게 말려 있는 거무튀튀한 뭉치를 꺼냈다.

"이게 무엇인가?" 그가 물었다.

"침대 커튼이에요. 그 남자는 이미 죽었으니 추위를 느끼지 못할 거예요!" 그녀는 웃으며 말했다.

"무슨 전염병 따위로 죽은 게 아니면 좋겠군." 조 영감이 말했다.

"아뇨, 그렇지 않아요. 그리고 저 리넨 셔츠는 그 작자의 옷 중 제일 좋은 거예요. 시신과 함께 묻혀 버릴 뻔했지 뭐예요. 그래서 제가 싸구려 옷으로 바꿔놓았어요. 묻어버리기엔 충분한 거죠!" 그녀가 말했다.

**p.82~83**　스크루지는 머리부터 발끝까지 온몸을 부들부들 떨며 말했다. "유령님, 알겠습니다! 저들이 얘기하는 죽은 사람이 저일 수도 있을 겁니다!"

갑자기 장면이 또 바뀌었다.

"여기는 또 어디입니까?" 스크루지는 흘낏 둘러보며 물었다.

이번엔 알 수 없는 아주 어두운 방 안이었다. 커튼 없는 침대 위에 희미한 불빛이 내리비치고 있었다. 한 남자의 시신이 낡은 시트에 덮인 채 지켜보는 이도 돌봐주는 이도 하나 없이 누워 있었다.

유령의 손이 침대 위의 시신을 가리키고 있었다. 스크루지는 너무나 무서워 꼼짝도 할 수가 없었다. 그는 시트를 들추고 싶었지만 그렇게 할 기운이 없었다.

"유령님, 여기는 정말 끔찍합니다. 여길 떠나게 해 주세요. 저는 교훈을 얻었습니다. 제 말을 믿어 주십시오. 여길 떠나요." 스크루지가 말했다.

하지만 유령은 여전히 시신을 가리켰다.

스크루지는 고뇌하며 말했다. "못 합니다. 제게는 그럴 기운이 없습니다, 유령님. 그럴 기운이 없다고요. 이 남자의 죽음에 대해 관심을 가지고 있는 사람을 제게 보여 주십시오, 유령님, 간청 드립니다."

**p.84~85** 유령과 스크루지는 이내 한 작은 거실에 서 있었다. 한 젊은 여인이 초조한 듯 거실을 왔다 갔다 했다. 때로 걱정스러운 듯 창밖을 내다보기도 했다. 나쁜 소식을 기다리고 있는 것이 분명했다.

마침내 남편이 집으로 돌아왔다. 그의 얼굴은 근심에 찌들고 주눅이 들어 있었지만, 기쁨을 애써 감추려고 애쓰는 표정이었다.

"뭐라고 하던가요? 빚을 갚을 시간이 아직 남아 있는 건가요?" 아내가 물었다.

"그럼!" 남편이 즐겁게 말했다. "그 사람이 죽었어!"

"하느님 감사합니다!" 아내가 소리쳤다. "하느님께서 이렇게 말하는 저를 용서해 주시길."

"우리 오늘 밤은 두 다리 쭉 뻗고 잘 수 있겠어. 우리 빚이 누구에게 넘어갈지는 몰라. 하지만 이제 우리는 돈을 마련할 시간을 번 셈이오!" 남편이 말했다.

부모 곁에 몰려들어 대화를 듣던 아이들은 낯빛이 환해졌다. 그리고 이 남자의 죽음으로 이들 가족은 더 행복해졌다.

"유령님, 저들은 남자의 죽음에 대해 기뻐하고 있습니다. 사랑하던 사람의 죽음에 슬퍼하는 사람이 있으면 보여주시겠습니까?" 스크루지가 속삭였다.

p.86~87 유령은 스크루지를 밥 크래칫의 집으로 데리고 갔다. 크래칫의 아내와 딸들이 바느질을 하고 있었다. 피터는 책을 읽고 있고 어린 아이들은 한쪽 구석에 조용히 앉아 있었다. 스크루지는 이상한 분위기를 느꼈다. 집 안은 너무 조용했다!

아이들의 어머니는 바느질감을 내려놓고 충혈된 눈을 비볐다. 가끔 시계를 쳐다보았다.

"촛불 곁에서 일하다 보니 눈이 아프구나. 너희 아버지께서 곧 오실 텐데. 이런 모습을 보일 수 없지." 그녀가 말했다.

"아버지께서 늦으시네요. 하지만 어머니, 아버지는 요즘 퇴근하시는 발걸음이 점점 늦어지시는 것 같아요." 피터가 말했다.

다시 침묵이 이어졌다.

"너희 아버지가 꼬맹이 팀을 목말을 태우고 올 때는 항상 쏜살같이 집으로 오셨지." 크래칫 부인이 나직이 말했다.

"아버진 정말 그러셨죠." 피터가 울먹였다.

현관문이 열리는 소리가 들렸다. 밥이었다. 밥은 코트를 벗고 불가에 앉았다. 어린 두 아이들은 아버지 무릎 위에 올라가 마치 '아빠, 걱정하지 마세요. 너무 슬퍼하지 마세요.'라고 말하는 듯 아버지 뺨에 머리를 기대었다.

밥은 애써 쾌활한 표정을 지었지만, 눈물이 슬픔에 찬 얼굴을 타고 내렸다.

"오늘 스크루지 씨의 조카를 보았는데, 무슨 걱정거리라도 있는지 묻더군. 꼬맹이 팀이 죽었다고 말했는데 그는 참 친절한 사람이더라고. 진심 어린 애도를 표하면서, 도움이 필요하면 자기를 꼭 찾아오라고 했어." 밥이 말했다.

"좋은 분이 틀림없네요." 부인이 말했다.

p.88~89 "우리 식구들은 가엾은 꼬맹이 팀을 결코 잊지 못할 거야!" 밥이 울먹였다.

"절대 안 잊어요, 아빠! 절대로요!" 아이들도 모두 울부짖었다.

"그래그래, 애들아, 팀은 꼬맹이였지만, 우리는 그 애가 얼마나 참을성이 강하고 침착했는지 늘 기억할 거야. 우리는 다투는 일도, 가엾은 꼬맹이 팀의 침착함을 잊는 일도 결코 없을 거야." 밥이 말했다.

"결코, 절대 안 잊어요, 아빠." 모두 다시 한 번 울부짖었다.

그런 다음 그들은 모두 아빠에게 키스했다.

"유령님, 침대에 있던 시체가 누구인지 말씀해 주세요." 스크루지가 울부짖었다.

그러나 유령은 잠자코 있더니 교회 묘지로 스크루지를 인도했다. 그리고 무덤 중 하나를 가리켰다. 무덤엔 잡초가 무성했다.

"묘석을 보기 전에 딱 한 가지 질문에만 대답을 해 주세요. 우리가 보는 장면들이 앞으로 '일어날' 일인가요, 아니면 '일어날 수도 있는' 일인가요? 제발 제게 보이는 모든 것이 바뀔 수 있다고 말해주시겠어요?" 스크루지가 말했다.

하지만 유령은 아무런 대답 없이 계속해서 무덤을 가리킬 뿐이었다.

(p.90~91) 스크루지는 부들부들 떨면서 무덤 쪽으로 느릿느릿 다가갔다. 아무도 돌보지 않은 그 묘석에 '에버니저 스크루지'라는 이름이 새겨져 있는 것을 보자 그는 혼비백산했다.

스크루지는 무릎을 꿇고 주저앉으며 외쳤다. "그 침대에 누워 있던 자가 저란 말입니까?"

무덤을 가리키고 있던 유령의 손가락이 스크루지 쪽으로 돌려졌다가 다시 무덤을 가리켰다.

"오, 유령님, 안 됩니다." 그는 유령의 옷을 꼭 잡으며 소리쳤다. "이 무덤이 진정 제 무덤입니까? 하지만 제가 이제 예전과는 다른 사람이 되었다는 걸 아시잖아요!"

처음으로 유령의 손이 흔들리는 것 같았다.

"자비로우신 유령님, 부디 저를 불쌍히 여겨 주세요. 앞으로 선한 삶을 살아가면 제게 보여주신 미래를 바꿀 수 있다고 말씀해 주세요. 크리스마스를 기리고, 1년 365일 친절하게 살겠습니다. 가르쳐 주신 교훈들을 결코 저버리지 않겠습니다." 스크루지가 말했다.

스크루지는 괴로움에 몸부림치며 유령의 손을 잡았다. 유령은 그의 손을 빼려 했지만, 스크루지는 간절하게 꽉 쥐었다. 하지만 유령은 힘이 더욱 강해졌고 곧 스크루지의 손길을 뿌리쳤다. 스크루지가 올려다 보자 눈 앞에서 유령의 모습이 점차 줄어들기 시작했다. 그런 다음 침대 기둥으로 변하는 것이었다!

5장 │ 이야기의 결말

(p.94~95) 그렇다, 그건 그의 침대 기둥이었다! 스크루지는 자기 방에 다시 돌아왔다는 사실이 너무 기뻤다.

"내 침대 커튼이 그대로 있네. 지금 나는 내 방에 있는 거야." 스크루지는 흐느꼈다.

얼굴은 눈물로 범벅이 되어 말했다. "나는 미래를 보았고 반드시 그것을 바꿔야 한다는 걸 알아! 난 그렇게 할 수 있고 그렇게 하고 말 거야!"

침대를 박차고 나오면서 그의 마음은 선의를 실천하려는 열의로 달아올랐다.

스크루지는 말했다. "앞으로는 과거, 현재, 미래의 세 분 유령님 뜻대로 살겠습니다. 그 세 분의 유령들을 항상 잊지 않고 살겠네, 제이콥 말리."

그는 너무 흥분해서 셔츠를 뒤집어 입었다. 그 다음에는 바지의 앞뒤를 분간 못하고 거꾸로 입고 말았다.

"오, 내가 뭘 하고 있는지 모르겠군." 이렇게 말하며 스크루지는 웃으면서 동시에 울었다. "마치 소년처럼 즐거운 기분이야. 여러분 모두 메리 크리스마스, 그리고 세상 사람들 모두 새해 복 많이 받으세요!"

오랜 세월 웃음을 연습하지 않던 사람치고는 정말 멋진 웃음이었고 가장 호쾌한 웃음 소리였다.

교회 종이 울리자, 그는 소리쳤다. "오, 멋져, 정말 멋지고 영광스러운 소리인걸."

그는 열려 있는 창으로 달려갔다. 밖은 안개 한 점 없고 오직 밝고 청명하고 싱그러운 공기로 충만했다. 금빛 햇살과 몸을 요동시키는 추위에 그는 곧 춤을 추었다.

**p.96~97** 스크루지는 창문 아래쪽 길에 있는 한 소년을 보았다.

"애야, 오늘이 며칠이니?" 스크루지가 소리쳤다.

"오늘이요?" 소년이 말했다. "저어, 오늘은 크리스마스잖아요."

'오, 다행이군. 크리스마스를 놓친 게 아니었군.' 스크루지는 생각했다.

"애야, 꼬마야, 나 좀 다시 보자." 그는 다시 불렀다. "너 혹시 저 다음 거리 모퉁이에 있는 칠면조 가게를 아니?"

"알고말고요." 소년이 말했다.

"정말 똑똑한 소년이구나! 너 그 가게 진열창에 걸려 있던 가장 큰 칠면조가 이미 팔렸는지 혹시 아니?"

"저만큼 커다란 칠면조 말씀이시죠?" 소년이 외쳤다.

"오, 참 쾌활한 소년이군! 그래, 바로 그거 말이야." 스크루지가 말했다.

"아직 거기 있어요." 소년이 대답했다.

"오, 좋아. 너 거기 가서 내 대신 그걸 사다 주렴. 그걸 여기로 가져오라고 해 주렴. 그럼 내가 어디로 배달할지 일러 줄 테니. 푸줏간 주인을 데리고 오면 1실링을 주마. 만약 5분 내로 오면 반 크라운을 주마!" 스크루지가 말했다.

소년이 쏜살같이 달려갔다.

p.98~99 "밥 크래칫의 집으로 보내야겠어." 스크루지는 나직이 중얼거렸다.

그는 양손을 비벼대고는 큰 웃음을 터뜨렸다.

"내가 보냈다는 걸 모르겠지. 칠면조가 꼬맹이 팀의 두 배는 되지."

그는 크래칫의 주소를 쪽지에 적은 후 아래층으로 내려갔다.

"오, 그래, 칠면조가 왔군. 고맙습니다, 친절하시군요, 그리고 당신과 당신 가족에게 메리 크리스마스." 스크루지가 말했다.

"지금껏 장사를 하면서 이렇게 큰 칠면조는 처음입니다." 푸줏간 주인이 말했다.

"이렇게 큰 칠면조를 캠던 타운까지 들고 가는 건 어렵겠는걸! 마차를 불러야겠어." 스크루지가 말했다.

스크루지는 껄껄 웃기 시작했다. 그는 웃음을 참을 수가 없었다. 그는 칠면조 값을 계산할 때도, 마차 삯을 낼 때도, 소년에게 심부름 값을 줄 때도 그렇게 웃었다. 다시 집 안으로 들어왔을 때는 너무나 많이 웃은 탓에 숨이 찰 지경이었다. 그리고 나서 그는 울기 시작했는데, 자신도 그 이유를 알 수가 없었다!

p.100~101 얼마 후, 스크루지는 가장 좋은 옷으로 차려 입고 거리로 나섰다. 현재의 크리스마스 유령과 함께 보았을 때처럼 이때쯤 거리에는 사람들이 집에서 쏟아져 나오고 있었다. 그가 뒷짐을 지고 걸으며 만나는 모든 사람에게 웃음을 지어 보이며 반갑게 인사했다. 그가 너무나 즐겁게 보이자 몇몇 젊은이들은 "안녕하세요, 어르신. 메리 크리스마스." 하고 인사를 건넸다.

스크루지는 그런 인사가 자기가 들었던 말 중 가장 기분 좋은 말이라고 생각했다. 그는 얼마 못 가 전날 사무실로 찾아왔던 신사 중 한 사람과 만났다.

"선생님, 안녕하세요? 어제 성금을 많이 모으셨기를 바랍니다. 우리 지역의 가난한 이웃들을 위해 이렇게 애쓰시다니 정말 훌륭하십니다." 스크루지가 말했다.

p.102~103 그리고 스크루지는 그 노신사를 양손으로 잡고는 말했다. "선생님, 메리 크리스마스."

"아, 스크루지 씨군요." 신사가 말했다.

"네, 잊어버리고 싶으신 이름인지 염려가 되기는 합니다만, 그게 제 이름입니다. 어제 무례하게 굴었던 것을 사과 드리니 받아 주십시오. 선생님의 자선 단체에 100파운드를 기부하고 싶습니다!" 스크루지가 말했다.

"스크루지 씨, 진심이십니까?"

"그렇습니다. 받아주시겠습니까? 제발 그러겠다고 말씀해 주십시오!" 스크루지가 말했다.

신사는 스크루지의 손을 잡고 흔들며 말했다. "정말 너그러우신 마음씨에 뭐라고 감사를 드려야 할지 모르겠습니다."

"제발 아무 말도 말아주십시오. 제 사무실로 절 찾아와 주십시오. 절 찾아와 주시겠습니까?" 스크루지가 말했다.

"아, 그럼요. 그러겠습니다." 노신사가 외쳤다.

"고맙습니다. 선생님께 정말 감사드립니다." 스크루지가 말했다.

그리고 스크루지는 수년 만에 처음으로 교회에 갔다. 길을 이리저리 걸으며 아이들의 머리도 쓰다듬어 주고 걸인들에게 말을 건네기도 했다. 다른 집들의 부엌을 들여다보거나 창문 너머를 살펴 보기도 했다. 스크루지는 이렇게 충만한 행복감을 줄 수 있는 것이 있다는 사실을 꿈에도 생각하지 못했다.

`p.104~105`  오후에 스크루지는 조카의 집으로 급히 발걸음을 옮겼다. 그가 집 앞을 열두 번쯤 왔다갔다하다가 마침내 문 앞으로 다가가 문을 두드릴 용기를 냈다. 그런 다음 심호흡을 한 후 문을 두드렸다.

"주인 양반 집에 계시느냐?" 하녀가 문 앞에 나타나자 스크루지가 물었다.

"네, 식당에 마님과 함께 계십니다, 어르신. 제가 위층으로 모시겠습니다." 하녀가 말했다.

"고맙구나. 하지만 주인 양반과 난 아는 사이란다. 그러니 나 혼자 들어가마." 스크루지가 말했다.

그는 안으로 들어가 식당 문을 살그머니 열었다. 조카 내외가 식탁 음식에 마지막 손질을 하는 중이었다.

"프레드!" 스크루지가 불렀다.

갑자기 들려온 스크루지의 목소리에 부부는 소스라치게 놀랐다.

"이런, 세상에!" 프레드가 말했다.

"나야. 네 외삼촌, 스크루지! 저녁을 함께 하러 왔다. 프레드, 허락해 주겠니?" 스크루지가 말했다.

조카 내외는 스크루지의 손을 잡고 흔들었고, 5분 뒤 스크루지는 자기 집에 있는 것처럼 아주 편안해졌다. 더할 나위 없이 진심 어린 환대였다. 흥겨운 게임도 하고 신나게 웃어대며 진정으로 굉장한 행복감을 느낄 수 있었던 훌륭한 파티였다.

**p.106~107** 다음날 아침 스크루지는 사무실에 일찍 도착했다. 원래 그는 사무실에 밥 크래칫보다 먼저 도착할 작정이었다. 그리고 그렇게 했다. 실제로 밥은 18분 하고도 30초나 지각을 했다. 스크루지는 서기가 사무실로 들어오는 순간을 놓치지 않으려고 문을 활짝 열어놓은 채 앉아 있었다.

밥은 모자를 벗어 들고 문을 열었다. 그리고 재빨리 자기 자리에 가서 앉더니 마치 지각 때문에 지나버린 시간을 벌충하겠다는 듯 열심히 일하기 시작했다.

"어이, 이 시간에 출근하다니 도대체 무슨 배짱인가?" 스크루지가 평소처럼 으르렁거리며 말했다.

"정말 죄송합니다. 늦었습니다, 사장님." 밥이 말했다.

"그래, 분명히 늦었지. 자 이제 이쪽으로 좀 오겠나." 스크루지가 말했다.

"크리스마스는 일 년에 딱 한 번뿐입니다, 사장님. 다시는 이런 일이 없도록 하겠습니다." 밥이 자신의 골방에서 나오면서 애원하듯 말했다.

**p.108~109** "자, 여보게, 자네에게 할 말이 있네. 난 더 이상 이런 식은 참을 수가 없네. 그래서…"

스크루지는 의자에서 뛰어내렸다.

"그래서 자네 봉급을 올려 줄 생각이네." 스크루지가 말했다.

'사장님께서 어떻게 이런 잔인한 농담으로 나를 놀릴 수 있지? 드디어 사장님이 미친 게 틀림없어!' 밥은 이렇게 생각했다.

밥은 화가 나서 몸이 덜덜 떨리는 가운데 자신의 막대 자가 있는 쪽으로 다가갔다. 그는 잠깐 동안 막대 자로 스크루지를 때려눕힐까 생각했다. 하지만 바로 그때 스크루지가 그의 등을 두드렸다.

"밥, 메리 크리스마스. 진심이네. 오랫동안 내가 크리스마스 때마다 자네를 소홀히 대했으니 이번에는 정말로 즐거운 크리스마스를 누리기 바라네." 스크루지가 말했다.

밥은 자신의 귀를 의심했다.

스크루지는 말을 이었다. "그렇지! 난 자네 봉급도 올려주고 고생하는 자네 식구들도 도와주고 싶네. 오늘 오후에 이 일을 의논해 보세. 일을 하기 전에 우선 석탄이나 한 통 더 가져와 불부터 지피게나. 사무실을 따뜻하게 하자고!"

p.110~111  스크루지는 자신이 다짐했던 것보다 훨씬 더 많은 것을 해냈다. 자기가 약속했던 것들을 모조리 실천했을 뿐 아니라, 더 많은 선행을 베풀었다. 꼬맹이 팀에게는, 그 아이는 죽지 않았는데, 양아버지가 되어 주었다.

에버니저 스크루지는 선량한 사람이자 훌륭한 사장님이면서 만나는 모든 사람들에게 좋은 친구가 되었다. 어떤 사람들은 그의 변화를 비웃기도 했지만, 스크루지는 개의치 않았다. 모든 일에는 이유가 있다는 것을 알고 있을 정도로 그는 현명한 사람이 되었다.

그리고 이제는 자신이 과거와 현재와 미래로 여행을 갔다 온 까닭을 알았다. 마침내 스크루지는 행복했고 만족했다.

유령들은 두 번 다시 그를 찾아오지 않았다. 사람들은 이제 스크루지가 친절과 자비와 선행을 베풂으로써 크리스마스를 진정으로 축하하는 법을 깨달았다고 얘기했다. 우리 모두가 그런 말을 듣게 되기를! 그리고 꼬맹이 팀의 말대로, 하느님께서 우리에게 축복을 내려 주시길, 우리 모두에게!